累計8000人以上の投資相談を受けてわかった！

“水戸大家”式 本当にお金が稼げる不動産投資術

改訂新版

峯島忠昭

株式会社水戸大家さん代表
株式会社MTK代表

はじめに

この本を手に取っている方は、何かしら不動産投資に興味がある人だと思います。中にはお金があってもなかなか物件が買えなかったり、すぐに購入できても悪い不動産屋に騙されて、後々苦しんでいる人もいるかと思います。

一方で、あまりお金がなくても不動産投資で成功し、サラリーマンを辞めて独立し、本を出版している人もいることは事実です。実は私もそんなひとりです。

失敗して多額の借金を背負う人がいる一方で、大成功して何億もの資産を築いている人もいる。では今の日本で、不動産投資を行い本当に成功するためには何が必要だと思いますか?

本書はその答えのひとつとして、普通のサラリーマン程度の個人属性でも最速最短で、家賃年収数千万円の不動産投資家になっていただくための不動産投資指南書になるように書いています。

実は本書は、2015年に刊行された同タイトルの改訂版です。改定前の本書は6刷まで至り、1年経っても売れ続けていたヒット作となりました。

そんな状況にも関わらず、わずか1年で改訂出版した理由は、この1年で不動産投資の世界が大きく様変わりしたためです。

アベノミクス経済の陰りもひとつですが、不動産投資家にとっては特に融資の窓口の状況が変わってきていることに注目していただきたいと思います。去年は借りられたのに今年は借りられない・・・というケースも出てきました。ただ、暗いニュースだけではなく、逆に今年は昨年よりもっと借りられるケースもあります。

また、物件の購入合戦もさらに激化しております。簡単にいうと物件情報が出た際に、いち早く購入する意志を示し、資金を用意できた投資家が勝者となります。

つまり、今まで以上に決断のスピードが求められますので、いざ購入を検討する時点で、どの数値を優先するべきか？　どの情報を信用するか？　など自分の投資スタンスを、事前に明確にしておく必要があります。

このように、不動産投資の世界が大きく変わっている状況とその対策を皆さんにお届けするために、改定版として再度出版させていただいた次第です。

ほぼ毎日、銀行の融資担当とやりとりしている情報、年間２０００人の方との面談より生まれたリアルな成功パターンをご紹介することで、これから本書をお読みになる方、再度お読みになる方に、最善の選択肢をとっていただけるような内容になったと自負しております。

ここまで読んで「信じられない・・・」と感じた人は、どうぞ本を本棚にお返しください。人が成功するためには素直さが大切です。まずは疑わずに成功している人の話を本気で聞いてみてください。私の会ってきた様々な分野での超のつくお金持ちたちも、みな素直な人ばかりでした。

本書には不動産投資に関して成功のノウハウを散りばめましたが、素直でやる気のある人だけに読んでほしいですし、８０００人の不動産投資家や、大家さん予備軍の方々との面談経験から、そのような人が成功していくのを何度も目の前で見ているからです。


私はこれまでに5冊の本を出版していますが、初の書籍『30歳までに給与以外で月収１００万円を稼ぎ出す方法』を刊行した２０１０年から考えると、私自身はもちろん、不動産投資をとりまく環境も驚くほど変化しました。

私が不動産投資をスタートさせたのが、25歳のとき。２００５年でした。

今から思えば、まだまだ高利回り物件はありましたが、じつはこのときも不動産ミニバブルで、都内の物件は高騰していました。

当時、投資といえば株式投資、ＦＸといったいわゆる紙の投資が主流、不動産投資といえば、地主さんや富裕層が行うものというのが世間の常識でした。

しかし、実は業界では革命が起こっていました。山田里志さん、沢孝史さん、藤山勇司さん、赤井誠さん、寺尾恵介さんをはじめ、「サラリーマン大家さん」と呼ばれる一般の方が不動産投資を行うという、新ジャンルもではじめたころでした。

サラリーマン大家さんたちがブログやメルマガで書く不動産投資記事は大人気となり書籍化されていきました。また、サラリーマン大家さんたちが主催するセミナーや交流会も盛んになりました。そのため、興味を持って「ぜひ、やってみたい！」というサラリーマンも増えてきました。

私自身はといえば、まさにその一人でした。そして成功者である、「サラリーマン大家さん」たちの手法を徹底的に勉強し模倣していきました。その結果、20代のうちに合計７棟の物件を持ち、家賃年収１７００万円の収入を得ることに成功しました。

その最中から、私もサラリーマン大家さんの一人として、「水戸大家さん」という愛称でブログを書いたり、メルマガを発行していきました（この愛称は当時在住しており、物件の多くが集中していた水戸市からあやかりました）。

嬉しいことにこのメルマガは大人気となり、いつしか読者数14万人の不動産業界NO1の情報媒体に成長していきました。
そして25歳ではじめた不動産投資は私に安定した収入をもたらし、28歳になるころにはサラリーマンをセミリタイアする夢を実現しました。

その後、2011年に私は大きな転機を迎えます。不動産投資家から不動産業者にシフトチェンジしたのです。（この顛末は第1章コラムに詳しく書きましたので、興味のある方はぜひお読みください）
そして、全国各地を巡って無料面談をはじめました。すでに3年目を迎え、だいたい月のうち半分を地方で過ごしています。
これまで6000人に及ぶ不動産投資家、もしくは不動産投資家を目指す方々の相談を受けてきました。様々な街で、たくさんの方と直接会ってお話をして、実際に不動産投資をはじめるためのサポートを会社として行ってきました。
その結果、当社は累積で約400億円の融資付を行い、年間約150億円以上の不動産売買を取り扱うまでの規模に成長しました。

これだけの経験をしてくると、相談の内容も多岐にわたります。世に出ている不動産投資の本を読んで「こんな投資をしたい！」「こんな物件を買いたい！」と理想を話してくださる方もいます。

しかしここで現実を見て欲しいのです。激安戸建てや規模の小さな高利回りアパートは大きな利回りが出ますが、実は大抵キャッシュを使って購入しています。RCマンションを短期で買い進んでいるスーパー投資家は、高給取りのサラリーマンで何千万円もの貯金があることが多数です。

つまり、現在の市況で人が羨む高利回りを叩きだしているような投資家は、自身のキャッシュと、賃貸事業に対する努力と才覚で成功しているのです。

よくよく読んでみれば、貯金もなく時間もないサラリーマンが、同じことを再現するのは到底無理な話なのです。

また本を読んで勉強することは良いのですが、その本の通りの成功をするには、同じような物件を探して、同じような条件で融資を受けなくてはいけません。

そんなことは簡単にできないことを知ってください。

当たり前ですが、不動産に同じものはひとつとしてありませんし、融資はその人の属性に大きく関わります。

たとえ同じ年齢で同じ会社に勤めていて、同じポジションであっても、投資を行う時期が数年ずれれば、銀行の融資姿勢が変わっているものです。

出せる自己資金や、今置かれている状況がまったく違えば、同じ道を進むことはできないのです。

その部分を勘違いしている方も多く、本を出版しているスーパー投資家の真似をすればするほど、まったく物件が買えない・・・ということにもなりかねない訳です。


ここで、不動産投資の原理原則をお話しします。もし、あなたが買いたい物件を即金で買えるだけの潤沢な自己資金がないのであれば、不動産投資の鍵を握るのは融資です。不動産投資は「融資がすべて」そういっても過言ではありません。

安い物件でも数千万円する不動産投資では、できるだけ多くの金額を、できるだけ良い条件で借入することが肝心です。

しかし、融資状況はそのときどきで変わります。詳しくは本文に譲りますが、金融機関ごとに条件があり、同じ金融機関でも支店によって融資姿勢が違うことはよくあります。

しかも、同じ金融機関でも、タイミングによって融資条件は大きく変わっていきます。銀行融資を使うのであれば、銀行が何を考えて融資を出しているのかを意識しながら物件を買った方が、効率よく買い進めることができます。

また、年収や自己資金、お勤め先の信用力で、その人に出来ることと出来ないことが存在します。


シビアな言い方をしますが、不動産投資は誰にでもできる訳ではありません。積算評価の高いＲＣマンションを銀行に持ち込めば、誰でも融資を出してもらえる・・・ということではないのです。

銀行の金利や融資期間、どのような物件に融資を出すのか？

これを先に理解することにより、自分が買えない物件を探す時間が減って自分が買える物件だけに焦点を当てて物件を探せます。

もちろん、「融資が付けば何でもいいから物件を買う」という訳ではなく、銀行評価が出ることにくわえて、しっかりと利益が残る物件を買うべきです。

不動産投資では、収益率をあらわす指標として、利回りがよく使われていますが、一番重要なのは、キャッシュフローです。

キャッシュフローとは、あなたの元に入った家賃収入から、管理費や電気代、修繕費といった支出があり、税金も引かれて、最終的に残った現金のことです。

つまり、家賃収入＝キャッシュフローではありません。

物件を購入して、家賃収入が入るとお金持ちになったような気がして、つい使いたくなりますが、それは絶対にやめてください。

繰り返しになりますが、自分にあった投資手法を選ばなければ、あなたの目標は達成することはできません。

勉強すればするほど、何をどうしていいのかわからなくなり、その結果、随分まわり道をしている方、間違った物件選びをして後悔している方も見受けられます。私は、そんな方々のために本書を書きあげました。

まったくの初心者の方はもちろん、すでに1、2棟を購入された新米投資家さん。複数棟は所有しているけれど、現状に満足されていない投資家さん。もしくはもっと買いたいのに、買い進めることができなくなった中級投資家さんまでを対象にしています。

どうすれば、確実に儲かる収益不動産が買えるのか。

そして、満室経営を円滑に行えるのか。

さらに、どうやれば買い進めることができるのか。


この3点について、私のノウハウを体系的にまとめました。

目標設定については、「年収」と「目標家賃年収」にしましたが、具体的に購入できる物件や、実際のキャッシュフローについては、受けた融資の条件や物件の維持管理費によって変わってくるところがありますので、ケースバイケースとなります。

具体的に、14名の投資家の実例を細かな数字つきで紹介していますので、こちらを参考にしてください。

本書は「○○の物件を買いなさい！」と一つの道を示したノウハウ本ではなく、自身のおかれた状況を認識して、どのようにすれば多くのキャッシュフローを手にすることができるか。

そして目指す資産規模を達成することができるのかを、トータルで描いた、いわば「地図」のような本です。

目先のことだけを考えて行う投資は失敗率が高まります。

全体を見渡して、自分自身が進む道をしっかり見据えましょう。

峯島忠昭

◆目次◆

第5章 その物件価格は適正なのか ～指値の常識とテクニック～

第6章 スムーズに物件を購入するための知識とは ～契約・決済の基本と注意点～

新章

東京オリンピックまで稼ぎ続ける不動産投資術

～「融資・金利・投資先」最前線！～

早いもので改訂前の『"水戸大家"式本当にお金が稼げる不動産投資術』を発売してから1年以上が過ぎました。

その間に日本初となるマイナス金利政策の導入、ブラジルオリンピックの開催、イギリスのEU離脱など、様々なニュースがありましたが、不動産投資ブームは衰えるところを知りません。相変わらずの売り手市場が続いています。


そこで、今回新たに書き増やした新章では、一年前に比べて変わった部分、とくに融資の動向や、4年後に迫った東京オリンピック時代の経済に目を向けて不動産投資で勝ち続けるためのノウハウなどを解説したいと思います。

融資の最新情報では、金融機関の種類別にくわえて、各行の最新情報を多く盛り込みましたので、参考にしていただけたら幸いです。

1 東京オリンピックでどう変わるのか!?

「東京オリンピックまで、まだ地価が上がる！」

「東京オリンピック後は不動産価格は暴落するのではないか」

「いやいや、東京オリンピックの2年前がピークだ」

このように2020年に開催予定の東京オリンピックを基準に語られますが、不動産市況についていえば、オリンピックが直接影響するのではなく、各金融機関の融資に対する姿勢次第だと思います。

原状で様々な憶測が飛び交っていますが、それは首都圏、都心部だけに限られた話です。オリンピック景気が札幌や地方都市圏にまで向いてるのかといえば、そのようなわけでもありません。

また、東京オリンピックの開催に影響されて、バブル崩壊やリーマンショック前のように、急激に首都圏の地価が跳ね上がったりすれば、それを抑制するための動きがあります。それが、金融機関に対する締め付けの可能性はあります。そうなれば、融資の状況が代わり、不動産市況が一変することでしょう。

そもそも株や為替と同様、不動産には浮き沈みの波があります。それに応じて融資の状況も変わっていきます。

東京オリンピック後、あるいはその前後で不動産市況が悪くなり、物件価格が下がることが考えられます。ここがチャンスです。そのときに買えるなら買っておいた方がいいでしょう。

しかし、そのタイミングは金融機関の融資姿勢が消極的になることを意味します。つまり、物件が安くて高利回りであっても、「借りられない！」「金利が高い！」ということです。いくら価格が下がり、高利回りになったところで融資が受けられなければ購入することができません。

そんなときこそ、取引実績がものをいいます。融資基準が厳しくなるということは、金融機関としても「貸したくても貸せない」状況の中で、しっかりとした優良な顧客が融資を受けられるのです。

そのためには、今からしっかりと実績をつくることが重要です。市況が悪くても将来を見越して、今物件を買っておいた方がいいと思います。

現状でいえば、新規物件の都心部の価格が、バブルのころとほぼ同じか、場合によっては高い場合もあるのは事実です。しかし、あの時代との大きな違いは金利が低いことなのです。

バブル期では変動で7〜8％という金利が普通の時代でした。それが今、銀行によっては1％を切ります。そう考えるとご理解いただけると思います。現金で買うなら話は別ですが、融資を使う限り、今は「買い時ではない」ということではありません。

たしかに今は利回りは低いですが、融資金利が特別に低い時期です。だからこそ不動産投資が成り立っているということです。

ただ利回りが良くなるのを待っていても何もなりません。不動産の価格が下落した後、利回りが2％上がっても、融資金利が2％上がってしまえば、待っていることにあまり意味はなく、そうであれば先にスタートしている方がその分のキャッシュフローは得られますし、事業実績を積みあげることもできるのです。

2 銀行の審査の基準は4月以降は厳しくなっている

次に最近の融資動向を解説しましょう。

これまで融資に積極的だった金融機関が、徐々に厳しくなっています。年収や物件評価などその銀行にはよりますが、銀行の審査基準が、今年の4月以降は全体的に引き締められている印象があります。

ただし、今まで積極的ではなかった金融機関が、新たに融資に取り組みを始めたということもありますので、決して門が狭くなったわけではないのです。

ただし基準自体は、投資家の属性が底上げになっていると感じます。年収1000万円以上が1つのラインです。もちろん、これより低いから借りられないということはありませんが、積極的に融資を進めている金融機関の全体的な傾向だと思います。

その結果、年収1000万円を切る方の選択肢がかなり狭まり、求められる自己資金のハードルが上がってきています。

融資の動向によって不動産投資の手法が変わっているところはあるかといえば、今の全体的な流れでいくと、法人名義での購入のトレンドは変わっていないと思います。

ただし、それができる投資家の基準が上がっているのです。

3 地方の投資家にもチャンスが

金融機関の種類別にいえば、まずメガバンクはさほど変わっていません。直近でお話しますと、首都圏以上に地方の信用金庫がかなり融資に積極的になっています。簡単にいえば、地方の投資家に対して、地方の金融機関が融資を出すのは最近のトレンドです。

北海道や北陸・上信越方面の地方銀行の取り組みが目立っていますし、広島であれば、M信金がかなり融資を出します。長崎でも年収600万円の公務員の方に、4億円を貸している信金がありました。

ただし、信金では営業エリアが限定的で、あくまで地元の投資家に対して融資します。地方のハンデとしては、地方でしか買えないわけですが、逆にいうと高年収の東京の投資家が入ってこないので、それがメリットです。

今は不動産投資のブームで、物件の奪い合いが激しく、なかなか買えない状況ですが、あえて大手の金融機関が進出しないところであれば、ライバルが多くない中で物件が購入できるのでチャンスともいえます。

札幌に関しては、東京と札幌に支店がある地方銀行もあります。地銀はどの地方であっても東京に支店がある場合が多く、信金に比べて首都圏の投資家も取り組みやすいのが特徴です。

要は投資家の居住地、もしくは物件の所在地に支店があれば良いのです。その点、東京の投資家は地方銀行が使える広がりができています。

不動産投資に積極的な地銀がいくつかありますが、そうではなく「どこにあるの？」と思われるような無名の金融機関が融資を出しているのが最近の傾向です。

その背景には、不動産投資の認知度が高まり全国区になったことがあげられます。おそらく銀行もマイナス金利ですから、貸さないと逆にマイナスになってしまうので、貸し出しに積極的な流れになってきていると思うのです。

探せばどこの県でも、1つはそのようにがんばっている地銀や信金があると思います。詳しくは第2章で詳しく解説していますが、金融機関によって評価の仕方が変わります。サラリーマン大家さん向けのパッケージローン商品を持っている金融機関もありますし、個別にプロパーローンで取り組まれる金融機関もあります。

4 銀行別、現状の融資動向

次により具体的な金融機関の動向を解説します。融資全体の解説は第2章で行っていますが、個別情報についてはこちらにアップデートしたものを記載しました。なお、この情報は2016年9月現在のものであり、書籍が発売されるころにはまた変更になっている可能性があります。より最新の情報を確認されたい方は、私が行っている面談にいらしてください。

信用金庫

・SK信金・・・首都圏の信用金庫です。信金は営業エリアが狭いですが、イメージとして、支店から電車や車で1時間の地域を営業エリアとしています。SK信金の特徴としては耐用年数が絶対です。また必ず1割の自己資金は必要です。

・SB信金・・・渋谷区・港区・目黒区・世田谷といった城南地区に積極的で、一部なぜか神奈川県の相模原市にも支店があるのです。その近辺は営業エリアです。出せるらしいです。基本は耐用年数の元首と9割融資で、その点はSK信金と同様ですが、物件の評価は収益還元法というのが特徴です。また新築のRCに50年も出します。

信用金庫は地元の商店や会社に出しているイメージがありますが、不動産投資に取り組む信用金庫であれば、サラリーマンが向いています。

ある程度の事業実績はあった方がいけそうですが、むしろ何もない残債がない方が良いでしょう。できれば1棟目が好ましいでしょう。

もちろん、融資への姿勢は、その信金によってまちまちです。信金によっては地主や経営者など、昔からお付き合いのあるところでなければ、融資を出さないというところもあります。

全国的にもそのような信金が多いですが、中には積極的な信金があるので、地方の投資家かでも開拓する価値はあります。地方でも、年収300万円の方に対して1億円を融資している信金はたくさんあります。札幌であればS信金です。そこは年収の縛りがなく融資を行っている実績があります。

地方銀行

・SR銀行・・・収益還元評価でもっとも有名な地銀です。以前は融資基準の緩い銀行というイメージがありましたが、徐々にハードルが高くなっています。
また、融資条件が少し変更になりました。これまで金利が4・5%でしたが、一律4・5%ではなくなりました。エリアによっては3・5%、4・0%のエリアができました。そのエリアの指定も県ではなく市町村単位で細かくなっています。

エリアについて補足すれば少し狭まってきています。地方でも中核都市でなければ融資が難しいようです。

くわえて年収によっては借入限度額が変わります。最低限、年収700万円が必要ですが、年収が高くなればなるほど限度額が大きくなります。金利交渉については2年返済した実績があれば金利交渉が可能で、2％まで引き下げた実績を聞きます。

・SZ銀行・・・2014年から不動産投資に積極的になった銀行です。金利は3・3％です。SZ銀行に関しては融資基準がかなり厳しくなっています。基準となる年収は500万円とさほどしばりはきつくありませんが、自己資金が1000万円程度は必要です。
金利に関しては属性によりますが、3・3％以下も可能です。木造の築古で買われるのであれば、SZ銀行は最後の砦です。それこそ築25年の木造に対して25年付ける可能性があるのはSZ銀行だけです。

・T銀行・・・新潟の地銀です。東京と神奈川にも支店があるため、東京と神奈川在住の投資家が使えます。融資期間30年。金利2％前後で収益還元評価です。年収制限はありますが、年収500万円以上あれば可能性は高いでしょう。T銀行のメリットには、法人が使えることがあげられます。

・C銀行・・・審査は緩めで、年収500万円以上の方が対象となる金融機関ですが、過去の事例では年収300万円の人でも2億円の融資の実績があります。融資対象エリアは茨城、千葉、東京都内です。

金利は1％台で法定対応年数をオーバーしての融資や、物件によっては自己資金を押さえた借り入れの可能性もある金融機関です。対象物件は新築木造や積算が出るRCや鉄骨が好まれます。

C銀行は最近になって少し厳しくなりました。一般的には正直に言うと年収で1000万円は欲しいのです。ただし、物件の規模は全く関係がないので、年収1000万円があれば、2億円だろうと5億円だろうと6億円の物件は買えます。そのような点で使いやすい金融機関です。やはり自己資金に関しては相当に問われます。

ノンバンク・外資系金融機関

・O銀行・・・不動産投資に対して非常に積極的な銀行です。個人向けで年収500万円から対象ですが、自己資金が最低でも諸費用含めて物件価格の1割は必要です。金利は約2%ですが、年収によっては交渉も可能です。以前、かなり年収の高い方に関しては1%半ばで行った実績があります。

地銀のS銀行との違いは、O銀行の場合、適している物件が築浅木造や新築木造ということです。地域は関東近辺、一都3県、名古屋、関西、福岡です。

新築の案件に関しては30年の融資が引けますので、その点では強いです。それと築年数が10年までの木造物件であれば、30年付く可能性もあります。借り入れが少ない方に関して、また1棟目の人に関してはいいかもしれません。

・外資系S銀行・・・外資系S銀行は、年収500万円から使える銀行です。年数が長いのが特徴で法定耐用年数プラス20年。金利は3・175%や2・775%と3%前後、物件はRC、鉄骨が対象で木造にも融資は出ます。基本は融資額90%、エリアは県単位で、一都三県と愛知、大阪、京都、神戸、それから福岡。札幌や仙台は出さないです。外資系S銀行の最大の変更点ですが、静岡にも融資が出るようになりました。木造で高利回りであれば狙い目かと思います。デメリットとしては、ご結婚されている場合は法人・個人に関係なく、パートナーの連帯保証人が必須になります。

エリアが限定されますが、5000万円前後までの物件であれば、年収500万円の方でも買えます。はじめてでも5000万円程度は借り入れることができます。一棟目で5000万円以内のキャッシュフローの出る収益性の高い物件が購入できれば、半年なり1年程度の実績で、また借入することができます。この銀行の特徴として、キャッシュフローを年収に合算することができます。

個人の借入限度は1億円までなので、5000万円で2棟もしくは、3000万円で3棟など買い増ししていくことができます。

・外資系C銀行・・・日本の不動産を購入するための中国人向けの金融機関です。こちらは中国の銀行で中国本土に不動産などの資産を持っている人向けの銀行です。これを担保にいれて、中国の不動産の担保価値の80%まで融資します。

メガバンク

・R銀行・・・不動産投資で使えるメガバンクの代表的な銀行です。収益還元評価を重視して、積算評価は全く見ません。金利は高くて1％台の半ば。1億円以上の金融資産を持っている方だと1％を切ります。

金額は物件次第で10億円規模の大型の物件にも、利用できる可能性があります。法人にも対応する銀行です。法定耐用年数は絶対なので、築浅のできれば築15年までのRCに向いています。劣化等級を取得出来る新築物件であれば35年融資の可能性があります。

エリアは基本7大都市です。後は支店があって、水戸市の駅前といったような県庁所在地の好立地に限ります。

駅前にあっても積算評価が出ないような物件を好む傾向にあります。札幌か名古屋といったケースが利回り的に合うため、取り扱う事例としては多いです。

・MS銀行・・・R銀行の次に使いやすいメガバンクです。ここは積算評価を重視しながら収益還元評価も見ます。そこが大きな違いで、基本的な条件はR銀行と同じです。

エリアは、やはり大きな都市を好みます。ちょっと郊外にあって土地が広いRCで、空室率が少ない高積算物件です。こういうのは逆にR銀行は出ません。同じメガバンクといっても少し違いがあります。

・MT銀行・M銀行・・・MT銀行とM銀行についていえばハードルが高い銀行です。金融資産は最低1億円位欲しいところです。「当行は3億円必要です」と言われた方もいます。おそらく経営者のような人を相手にビジネスをやりたいのでしょう。経営者であれば法人の売上は5億円以上と普通に言います。そういったお金持ちのための銀行です。M銀行に限っていえば、支店によっては鑑定士を使った評価を行い、評価額が伸びるケースがあります。

「水戸大家式・不動産投資術」で「億」の不動産資産を築いた「読者」成功事例

ここからは、『"水戸大家"式本当にお金が稼げる不動産投資術』の読者さんの成功事例を紹介します。物件が高騰して購入できない・・・そんな風に言われたこの1年の間に、希望される物件を購入できたサラリーマン投資家の皆さんです。

●成功例1　大阪の投資家①
41歳、大手家電メーカー勤務
居住地／大阪市　年収／1650万円　融資条件／1．5％29年　自己資金／3500万円　物件価格／2億円　取得物件／築17年、RC、30室

大阪市内在住で大手家電メーカーに勤める41歳の男性のケースです。年収1650万円の高属性で、購入したのは神戸市内にある平成11年築のRCマンションです。駅

近の2LDKで競争力もある物件で利回りは8・1%です。

融資は関西圏の地銀S銀行のH支店からフルローン、金利1・5%を29年で借りました。この方は年収もあるので法人を立てて購入されています。

じつは買付を入れたときには、1番手がいましたが、この方の属性が非常によく融資がスムーズに通ったため、最優先となったのです。というのも高年収にくわえて、金融資産3500万円という蓄えがあったからです。1棟目にしてすんなりと買えました。

●成功例2　大阪の投資家②

年齢33歳、一部上場の薬品メーカー勤務
居住地／大阪市　年収／650万円　融資条件／4・5%31年　自己資金／2000万円　物件価格／9500万円　取得物件／築29年、RC、12室

この方も大阪市内在住ですが、1人目の方に比べて年収が低いケースです。年齢は33歳、一部上場の薬品会社にお勤めです。共働きの奥さまの年収が350万円あり、世帯年収は1000万円です。金融資産は2000万円あります。

この方は1棟目を大阪市内で買われました。物件価格は9500万円。昭和62年築のRC造。融資は不動産投資で積極的なS銀行を使いました。期間は31年です。物件は大阪市内の地下鉄の駅から徒歩3分という好立地にあります。築年数はたっているものの、駅から近く便利なので入居に強い物件です。利回りは10.2%あります。

当初、できる限り大規模な物件を購入することを希望されていましたが、属性から難しく1億円程度の物件を2棟購入するという目標にシフトチェンジしました。

現状では2億円の物件の融資付は難しいため、現実的な選択です。また、1棟目で規模が大きすぎると、予定外の修繕が発生したときなど、現金が足りなくなる恐れがあります。そのため、規模はそれほど大きくない物件を買った方が安全ですし、なにより融資が通りやすいです。大阪市内の物件は建物の規模も大きすぎず、それほど負担もなく運営していけるので安全です。

この2件の成功事例は大阪在住の投資家が関西の物件を買ったケースです。大阪は不動産投資家が新たに増えています。

やはり大阪市内の物件はとても人気があり、大阪の物件を買える確率はかなり低いのです。この方はタイミングもよく購入することができました。やはり融資先をしっかり確保しておかなければ、なかなか買えません。手を上げていても後ろで待っている人がたくさんいますから抜かされてしまいうのです。

できれば、ぎりぎりの年収ではなく、少し余裕を持たせた安全圏の状態で、少し高めの物件を狙った方が確実に購入できてスピードも増します。

●成功例3　都内在住の投資家

45歳、金融関係勤務
居住地／東京都　年収／2000万円　融資条件／4・5％29年、自己資金／800万円　物件価格／3億5000万円　取得物件／築11年、RC、106室

この方は東京都内に在住の45歳の男性です。金融関係にお勤め先で年収は2000万円ある、いわゆる高属性の投資家です。奥さんは専業主婦でです。

金融資産は800万円ということで、自己資金はさほどないのですが年収が高いというケースです。

1棟目に購入したのは、茨城県の土浦市にある3億円5000万円の物件です。駅

近、ファミリータイプです。

融資に積極的な地方銀行にて、自己資金少なめで融資を受けることができました。期間は29年、金利は4・5％で表面利回りは11・5％です。

やはり年収が2000万円もありますから、大規模な物件を購入することができます。投資家さん自身も「自分の限界ぎりぎりで買っていきたい！」というタイプでした。

今後、キャッシュフローを貯めて自己資金が増えれば、買い増すことが可能です。また金融関係に勤めているのも信用につながります。

物件のある茨城県ですが、人気のある関東圏の中で、茨城県は穴場といえます。私が「水戸大家さん」だからではないですが、昔から茨城県は基本的に優良物件が多いのです。

その理由は、賃貸需要があるからです。土浦市でいえば、東京に出やすいのに加えて家賃がかなり安く、まわりにスーパーや学校・病院などが揃っているためファミリー層が長く住みやすい街です。ファミリータイプは入居期間も長く、安定的な稼働が見込めます。

●成功例4　地方都市に住む投資家

37歳の私立の高校教師
居住地／札幌市　年収／700万円　融資条件／1・5％27年　自己資金／1500万円　物件価格／7500万円　取得物件／築20年、RC、11室

札幌市在住の私立の高校教師、独身の37歳です。年収は700万円。自己資金は一生懸命に貯めた1200万円あります。物件は和歌山市内で7500万円のRC造マンションを買いました。

平成8年築の1LDK、単身者向けで利回りは9・5％です。融資はメガバンクを使いました。

この物件は積算、収益、評価ともに優良な物件です。おまけに周りが戸建てばかりで、単身向けの物件が少ない地域です。競合物件はほとんどありません。

また田舎ですから人の動きが少なく、引っ越す人もいません。その結果、家賃が下がらず利回りも高いまま維持できます。

この物件は3棟目に取得しました。それ以前の物件も地方都市で所有しています。

メガバンクが融資を出したのは、前回の物件で実績があるからです。これは地方とい

えど、評価が高く実績があれば融資が出るというケースです。

戦うフィールドを理解する

成功事例では高年収のケースもありましたが、年収が1500万、2000万円なくては買えないということはありません。

買うためには、自身の身の丈を知ることがまず一歩だと思います。投資家の皆さんはある程度の大都市に物件を持ちたがる傾向がありますが、人気のある立地の好条件の物件には、多くの投資家が殺到します。

ライバルが多い中では、やはり属性のいい人、自己資金を多く持つ人が優位です。売主さんからしても高く売って欲しいし、確実に買えるに人に買って欲しいわけです。

仲介業業者も金融機関も同様に考えます。必然的にその中で、少しでもハンデがある人が、つまり年収が低い、勤続年数が少ない、自己資金が薄いといった人は、どんどん優先順位が落ちていきます。

そのような激烈な過当競争のあるステージで奮闘するよりは、少し外した地方都市の方が可能性も高まるでしょうし、成功事例にあったように、人によってはマイナーなエリアであってもメガバンクで融資が受けられるケースもあるのです。

それゆえに、「〇〇だからダメ！」と頭ごなしで否定するのではなく、「自分にとって利益になるのは、どんな物件なのか」を冷静に考えましょう。

競争であれば、どうしても高属性の人が選ばれてしまいます。それゆえに高年収と潤沢な自己資金があれば戦えばいいのです。自分の戦うフィールドを理解しなければいけません。


もし、この本を読んでいるあなたが、高属性で自己資金を潤沢に持っているのであれば、問題ありませんが、そうでなければ、今はあえて地方の物件を購入するのがおすすめです。

しかし、地方を毛嫌いする人が多いのも事実です。「自分の家からは遠くて物件を見に行けない」「どのようなエリアなのか知らないから」というのが理由ですが、それは思い込みではないでしょうか。

東京に住んでいる人が、千葉や埼玉をそこまで詳しく知っているのでしょうか。仙台や名古屋に土地勘があるのでしょうか。

現状では、地方への融資がかなり限定的になっている部分もありますが、使える地銀は増えています。また、先述しましたが地方の方が地方を購入するケースでは、首都圏の投資家に比べて、融資が有利に運ぶケースも多くあります。

そのほかのケースとしては、札幌の人で東京を含む地方都市で買うパターンがありますし、首都圏の人が地方を買うパターンもあります。

いずれにせよ、そのようなやり方であれば、地方にもまだまだ可能性はあります。むしろ地方の方が熱いかもしれません。

自分がレベル1なのに、レベル10の人には勝てません。とりわけ「短期間で資産を拡大していこう！」など、自分が立てた目標があり、そのゴールに対して、年収はいくら欲しい、キャッシュがいくら欲しいという具体的な数字があれば、それを達成するために十分に考えなければ、遠回りをしてしまったり叶わなかったりします。

私が提案する方法だけが１００％絶対に成功するとは言いません。しかし、「買えない」と嘆くのであれば、「どうしたら買えるのか」を考えなくては進むことができません。

レベル10に達していない人たちが、いくら夢を見ても、いつまで経っても不動産投資はできないのです。

第1章

あなたは「不動産投資」でいくら家賃年収が欲しいのか

~目標から逆算する~

第1章では不動産投資の基本、それから不動産投資をはじめるにあたって不可欠な目標設定についてです。

不動産投資は「投資」とは言いますが、実際は不動産賃貸業・・・つまり事業です。

まずは得たい家賃年収から、どれくらいの事業規模を目指したら良いのかを提案します。

そして目指す事業規模を達成するにあたって、実現可能なバックグラウンドについても具体的に解説します。

また、初心者からすると借金に対して抵抗がある人も多いとは思いますが、不動産投資は「融資ありき」と考えています。

金融機関の詳しい解説は第2章で行いますが、どのように融資を考えたら良いのか、投資手法や投資スピードにかかわる部分についてふれたいと思います。

1 そもそも不動産投資とは？

本書は、すでに不動産投資の勉強をはじめている方はもちろん、不動産投資自体よく知らないけれど、ちょっと興味がある・・・という初心者の読者を対象にしています。

そこで、まずは不動産投資の基本中の基本のお話からはじめたいと思います。


「不動産投資で経済的自由を得る！」


不動産投資を志した方であれば、一度は目にしたことがある言葉でしょう。

経済的自由はアメリカの著名な不動産投資家、ロバート・キヨサキが『金持ち父さん貧乏父さん』という本で言っています。今から15年ほど前の話です。

ロバート・キヨサキのいう不動産投資とは、不動産価格が値上がりしているハワイで、不動産を買い替えていくと、わらしべ長者のように資産が殖えていく・・・という話で、日本ではあまり現実味がないものでした。

というのも、そもそも日本の不動産は、今は少し値上がりもありますが、倍々になるような性質のものではありません。

ですので「日本で不動産投資をして利益を上げる」ということは、物件自体の値上がりではなく、「家賃収入を得て収益を上げる」という方法が適している訳です。


ちなみにロバート・キヨサキが『金持ち父さん貧乏父さん』を出版してから、日本でも多くの人が不動産投資に参入して、その中で一握りの人が、不動産だけで会社を辞めて生活しているのも事実です。

私自身も、今でこそ不動産会社を経営していますが、28歳のときに専業大家となって会社を退職しました。

つまり不動産からの家賃収入だけで、生活出来るくらいの収入があったうえで、独立起業したのです。

なぜ、そんなことができるのか?


それはキャッシュフローを最優先して投資をしていったからです。

キャッシュフローとは、「最終的にいくらお金が残るのか?」ということです。手残りともいいますが、得られる家賃収入から、自分の手に残るお金を増やしていけば、経済的自由が得られるのです。

また、不動産は高額なので、現金で買える人は非常に限られています。

ですが、不動産自体が銀行の担保になるので、借り入れがしやすく、その借り入れの返済やランニングコストを計算したうえで、毎月の収支計算が合う物件を買った人が、今の日本ではサラリーマンを辞めて経済的自由を手にしています。

なぜ、そんなことができているのか？

それは、日本の場合は諸外国に比べて、家賃に対しての不動産の価格が割安だからです。

だからこそ、しっかりと利益の残る物件を買えれば、サラリーマンを辞めても食べていけるくらいの収益を得ることができるのです。

ちなみに、私自身が起業をしたこともあって、私のまわりにビジネスを起こして脱サラをしている人も多いですが、不動産投資だけで脱サラをしている人に比べて忙しそうにしている人が多いです。

なぜなら、ビジネスの場合は、自分が働き続けないと収入を得られないからです。

結局は働く場所が変わっただけで、サラリーマンの頃とあまり変わらない・・・という人もいるほどです。

そんなビジネスでも、しっかり年間数億を稼いでいる人は別ですが、あまり稼いでいない人は、ほぼサラリーマンと変わらない訳です。

だったら私のように不動産投資家として収入があったうえで、起業する方が余裕を持って取り組めて、成功する確率が高いように思えます。

もちろんビジネスをせずに、不動産収入だけで悠々自適に過ごしてもいいでしょうし、定年退職までサラリーマンを続けながら不動産投資を行う、兼業の道を選んでも良いと思います。

そうして定年退職後にゆったり余裕のある生活を送るのも人生の選択肢でしょう。

どちらにしても、あなたの人生を豊かにする方法として不動産投資があります。

2 不動産投資の大きな武器は「融資」

不動産投資でお金を得よう、資産を拡大していこう、という行動は、じつは単純です。

なぜなら、融資のことを理解して原理原則に従い物件を探し、そして買っていくだけだからです。

ここで大前提となる「融資」についての考え方にふれてみたいと思います。

不動産投資をこれからはじめる人の中には、「多額の融資を組むのが怖い・・・」という方がいらっしゃいます。

そのように不安に感じることはわかりますし、これから不動産投資をはじめるにあたって、億単位の融資を受けるなんて、リスクも含めて想像ができないと思います。

しかし、面白いことに「融資を組むのが怖い」と言っている人に限って、住宅ローンを組んでいたりするのです。

私が思うに投資用のローンと住宅ローンを比べてみれば、住宅ローンの方が何倍も怖いです。

投資物件のローンは投資物件から入ってくる家賃収入が返してくれます。

ですが、住宅ローンの場合、自分の給料から返済するしかないので、会社をクビになったり、自分の事業が傾いたりすると返済する目処が立たなくなります。

また、お金を最初から持っている人であれば、現金で物件を買って行くことも1つの方法です。

でも、そんなに多くのお金を持ち合わせていない人はお金を貯めながら投資をするか、もしくは貯まるまで待つしか投資が出来ません。

1億の融資を受けて投資をはじめた場合、キャッシュフローを残しながら1億円の返済も進みます。

融資条件が30年の期間で、自己資金を極力抑えることができれば、手残りは年間で200万~300万円ほどですが、10年で2000万~3000万円、返済も2000万円以上進みます。

ですので、単純に自己資金無しで投資を開始して、物件価格が10年後に9000万円になったとしても、10年後には3000万円~4000万円の利益を得られることになる訳です。

反対に自己資金を使って500万円で戸建ての投資をしたとします。

仮に利回り10%だとすると、家賃収入50万円、純粋なランニングコストを引くと、40万円位が年間で残ります。

この投資だと借り入れはしないのですが、10年間で実際に残るのが400万円です。

また、500万円を貯めるには月に10万円を貯金しても4年とちょっと掛かるので、10年間で現金で買うには3戸程度が限界です。

このように、「借り入れをして行う投資」と「現金だけで行う投資」は、10年などの期間を過ぎるとあきらかに差が出ます。

結局のところ、限られた自己資金しかなく、「不動産投資だけで将来は生活していきたい」と考えている人であれば、現実的には融資を活用して物件を購入していくしかありません。

3 不動産投資にはいくつもの道がある まずは目的と目標から考えよう

今、不動産投資が過熱している中で、不動産投資本も数多く出版されています。

私が不動産投資をはじめた10年前に比べて、多くの情報が溢れ、知識を得やすくなった反面、何が正しいのか迷うことも多いでしょう。

私が定期的に行っている無料面談には、そういった初心者の方も多くいらっしゃいます。

一口に不動産投資といっても、投資手法がたくさんあります。

区分マンション投資、築古ボロ物件投資、新築アパート投資、積算RCマンション投資といった「どんな物件に投資するのか」という選択肢もあれば、地方投資、首都圏投資といった対象とする地域によっても投資の仕方が変わってきます。

現金投資からフルレバレッジまで、どれくらいの自己資金があり、投資に使えるお金はいくらなのか、といった視点も留意しなくてはいけません。

著名投資家の書籍では、その投資家の行った不動産投資手法を中心に紹介しています。もちろん、その投資手法は素晴らしいもので、その投資家は大成功を収めているのでしょうが、その投資手法があなたに合っているとは限りません。

また今の不動産市場で優良な物件はかなり少ないですし、一瞬で売れて行きます。そのため、しっかりと行動を移せる人だけが物件を買うことができます。

「ああ、なんだか面倒だな」と考えている人は、今の現状からいつまで経っても変化はありません。

チャンスは少ないのですが、それでも一瞬だけ頑張れば良いのが、不動産投資の世界です。

しかし、行動をおこしていても、自分に合った方法でない投資手法を選んでしまった場合、とんでもないムダ足をすることもあります。

そのため、自分自身のバックグラウンドを把握したうえで、「どんな目的をもって、何を目標として、どんな投資を行うのか」を決める必要があります。

バックグラウンドとは、住んでいる地域や家族構成、職業、年収、貯蓄額、家族の不動産投資への理解などです。

この部分は人によって大きく変わりますし、同じ年齢で同じ年収であっても、バックグラウンドによって「夫婦二人で世界各国を旅行しながら楽しく生活したい」「3人の子供に十分な教育を与えたうえで、老後のために余裕資金をつくりたい」「○年後に脱サラして起業をしたい」と目的も変わってきます。

そして、目的によって、得たいキャッシュフローや不動産投資で目指す事業規模も変わります。

目的や目標はあなた自身が決めるものですが、その目標が実現可能なのか、その目標を実現するためには、どんな道筋があるのかを、不動産投資のプロである私が提案したいと思います。

次の項では、初心者でも理解しやすいよう目標家賃年収別に、年収と自己資金の目安、どんな物件を購入していくのか、具体的なノウハウをご紹介します。

目標家賃年収

1000万円の場合・・・P55より
3000万円の場合・・・P60より
5000万円の場合・・・P63より

●目標家賃年収1000万円　年収500万円、自己資金300万円でスタート

使える金融機関
日本政策金融公庫・外資系S銀行・地元の信用金庫、信用組合

ここで年収についての補足をさせていただきます。

書籍によっては「世帯年収（夫婦合算）でもいいですよ」と説明されていることが多いですが、私はできればメインの方の収入が、大きくある方が良いと感じています。

例えば、年収600万円のケースでいえば、1人で600万円が理想で、世帯年収であれば、夫婦で300万円・300万円よりは、ご主人500万円・奥様100万円の方がいいと思います。

実際のところ、パートタイムで年収100万円というのは戦力外にはなるのですが、それでもメイン収入の多い方が良いと考えます。


年収500万円の方は、自己資金をある程度貯める必要があります。もちろん、多

ければ多いほど良いですが、最低限300万円は貯めましょう。
そして取り組める投資手法は3パターンがあります。

①日本政策金融公庫から融資を受けて、時間をかけてじっくりと戸建を買い増やす

日本政策金融公庫（以下、公庫）を使って一戸建てや小ぶりな木造アパートを購入する投資法です。

詳しい解説は2章にゆずりますが、公庫は自己資金が5割程度必要な金融機関です。自己資金300万円で、購入できるのは500万円程度の物件です。

物件にもよりますが予想される年間キャッシュフローが20万円、10年の融資であれば、10年後には家賃収入はまるまる自分のものになります。

日常の生活で貯金を続けながら、キャッシュフローも貯めてコツコツと買い増していきます。

これは最近、主婦や低属性の方を中心に流行っているキャッシュ購入のボロ戸建投資に近いやり方です。

ゆっくりと時間をかけて増やしていくパターンですが、途中から、無担保物件（融資を借りていない物件）を共同担保に入れることができますから、ある程度まで買い

進めることができれば、スピードを加速させることも可能です。

②外資系S銀行を使った投資

物件の条件は絞られますが、金利約3％で長期間の融資を引ける金融機関を使います。年収500万円から取り組めます。

個人で1億円までの融資が可能なので、5000万円のRCや鉄骨を2棟、もしくは3000万円を3棟購入することで、家賃年収1000万円を達成することができます。

③地元に有利な信用金庫・信用組合を使った投資

ある一定の地域に限られますが、不動産投資に非常に積極的な信金・信組を使った投資です。

年収制限のない、限度額もないようなまさにスペシャルな金融機関のため、1億円以上の物件取得も夢ではありません。年収500万円程度であっても、家賃年収1000万円以上を実現させる可能性があります。

状況によってはフルローンもいけますが、基本は購入金額の90％融資となるため自己資金はしっかり用意する必要があります。

【事例1】 年収500万円で家賃年収1000万円を達成！

Aさん（仮名）
居 住 地／神奈川県
年　　齢／39歳
年　　収／500万円
職　　種／建築資材卸会社勤務

1棟目
融 資 額／4280万円
融資条件／20年3％
自己資金／300万円
取得物件／鉄骨3階建　築20年
家賃年収／508・8万円
C　　F／122・2万円

2棟目
融 資 額／5670万円
融資条件／25年3％
自己資金／0円
取得物件／鉄骨3階建　築28年
家賃年収／601・2万円
C　　F／152万円

事例1の方は、年収はさほど高くありませんが、地元神奈川の物件ということで、近所の信用金庫で自己資金を大幅に抑えて借り入れることができました。諸費用のみが手出しです。

2棟目は愛知県某市にある鉄骨マンションで、融資年数の長い外資系S銀行から目一杯借り入れることができました。

●目標家賃年収3000万円 年収700万円以上、自己資金500万円でスタート

使える金融機関

地方銀行・信用金庫・信用組合・ノンバンク

年収700万円の人は複数銀行と取引するのが前提です。

家賃年収3000万円を目指すためには、3億円程度の物件を購入することが目標となりますが、3億の物件を1棟だけ購入する、1億円の物件を3棟購入する・・・そういった効率的な投資法はなかなか難しいのが実情です。

というのも個人の限度額がありますので、1億円を1棟購入してしまえば、次に買うことができません。そのため、5000万円〜6000万円の物件を5〜6棟購入していくことになります。

この場合、法人を設立してのスタートをおすすめします。それによって個人の限度額を気にすることがなくなり、節税効果も得られます。

あとは団信（団体信用生命保険）をどうするかということです。

団体信用生命保険とは、融資の返済中に契約者が死亡、または高度障害になったときに、本人に代わって生命保険会社が残債を債権者に支払ってくれる制度です。

個人融資であれば付けることができますが、法人であれば団信はありません。万が一のことを考えて「つけたい」と考えるのであれば、個人で投資を行うことになります。

個人で団信を付けた場合、限度額がありますので、3億円以上物件を買うことは難しくなるでしょう（年収1000万円以上の人であれば、団信をつけても個人で3億買えます）。

自己資金については、最低でも500万円は必要で、1000万円はあった方が良いでしょう。

［事例2］年収700万円で家賃年収3000万円を達成！

Nさん（仮名）
居住地／静岡県
年齢／45歳
年収／700万円

職　種／楽器メーカー勤務

1棟目

融 資 額／9600万円
融資条件／27年3％
自己資金／200万円
取得物件／RC3階建　築27年
家賃年収／1234・8万円
C　　F／322・3万円

2棟目

融 資 額／9900万円
融資条件／30年4・5％
自己資金／0円
取得物件／RC4階建　築20年
家賃年収／1135・2万円
C　　F／306・3万円

3棟目

融 資 額／3680万円
融資条件／20年2・5％
自己資金／280万円
取得物件／木造2階建　築30年
家賃年収／619・2万円
C　　F／262・8万円

事例2は、1棟目で外資系のS銀行で長期間融資を借り入れることができました。

2棟目は地元の地銀で自己資金を抑え購入し、3棟目は地場ではナンバーワンの信金から良い条件で借入することができました。

融資に積極的な銀行と地場の銀行を上手に使いわけて、買い進めた一例です。

●目標家賃年収5000万円 年収1000万円以上、自己資金500万円でスタート

使える金融機関
都市銀行・地方銀行・信用金庫・信用組合・メガバンク

目標家賃年収が5000万円のレベルになると、1億円を達成するのも夢ではありません。

そこに時間の概念が入ってきますが、時間をかけずに達成したいと思うのであれば、自己資金2000万～3000万円が必要です。

銀行を相手に融資を進めていく中で、銀行から「取引にあたって最初に定期預金1000万円入れてください」という話になることがあります。

このように定期預金を求める金融機関はわりと多くあります。取引前にいう銀行、決済後にいう銀行、それぞれありますが、その際に現金を持っていないと厳しいです。

頭金として自己資金を使わなくても、銀行取引で使うケースがあるということを覚えておいてください。

やはり自己資金はなるべく多くあった方が良いでしょう。その点については、どの年収の方でも共通しています。

物件購入については、属性にもよりますが、1億から3億位の物件を買い増やしていきます。5億円程度で家賃年収5000万円、10億円程度で家賃年収1億円が目安となります。

物件規模が大きくなるため、最初から法人を設立して事業として購入していきます。

極端な事例ではありますが、外資系サラリーマンなどで年収2000~3000万円あって、貯金が5000万円位あれば、不動産投資をはじめて1年もかけずに10億円規模の物件を取得することができます。

10億円の物件を購入すれば、家賃年収1億円です。このように金持ちの人ほど有利に働きます。

[事例3] 年収1000万円で家賃年収5000万円を達成!

Sさん(仮名)、居住地/東京都
年　齢/40歳

年　収／1000万円
職　種／上場企業のサラリーマン

1棟目
融 資 額／2億円
融資条件／25年3%
自己資金／0万円
取得物件／RC5階建　築27年
家賃年収／2462・4万円
C　　F／639・1万円

2棟目
融 資 額／9280万円
融資条件／25年1・1%
自己資金／500万円
取得物件／鉄骨4階建　築21年
家賃年収／864万円
C　　F／287万円

3棟目
融 資 額／9800万円
融資条件／30年1・9%
自己資金／0万円
取得物件／木造2階建　新築
家賃年収／822万円
C　　F／198万円

4棟目
融 資 額／1億9800万円
融資条件／23年1・3%
自己資金／500万円
取得物件／鉄骨3階建　築21年
家賃年収／1809万円
C　　F／381万円

事例3の投資家は年収1000万円の上場企業サラリーマンで、自己資金を1800万円以上お持ちでした。

半年に1棟のペースで物件購入をして、自己資金のちょうど半分を使ったところで、家賃年収5000万円を達成しました。

今後は年に1棟のペースで買い増やして、あと5年を目安に家賃年収1億円を目指して、リタイヤすることを願っているそうです。

4 サラリーマン投資家の「法人化」についての考え方

不動産投資を進めていくにおいて、投資家の皆さんが気になる「法人化」についてどう考えるべきか、投資をはじめる段階である程度考えておきましょう。

「メガ大家」と呼ばれる資産規模10億円の不動産投資家は、1億円以上のRCを複数棟所有して、投資規模を拡大していきます。

彼らの特徴として、法人を活用して購入をしている点があげられます。

というのも、個人で投資する限りは、どれだけ属性がよくても、2億円~3億円程度という壁があり、資産規模を10億円まで拡大することは至難の業です。

そこで「不動産賃貸業」を営む法人として、金融機関にアプローチをかけているのです。事業であれば、限度額はありません。

それこそ資産規模が大きくなると、金融機関ごとに法人をわけている投資家もいます。

たとえ資産規模10億円までを目指していなくても、私はある一定以上の事業規模になれば、法人設立をする方が良いと考えます。

また、もともと年収の高い方であれば、家賃収入が合算されることによって所得税率があがってしまうため、はじめから法人設立を行っている方が、節税効果を得られます。


しかし、金融機関によっては個人のみにしか融資しない銀行もありますので、どの金融機関を使うのかは大事なポイントです。

また、法人になれば税理士費用や消費税などランニングコストがかかります。

初年度赤字でも法人住民税で7万円はかかりますし、税理士費用などでも最低でも法人を維持するために年間20万円のコストはかかります。

1億円物件のキャッシュフローが物件価格の2％だとして、200万円です。その200万円からコストとして20万円かかるのと、5000万円物件のキャッシュフロー

100万円から20万円かかるので、インパクトがまったく違います。

そのため法人で賃貸事業をするのであれば、物件は1億以上でないと、経営はきついのではないかと思います。

年収500万円未満の投資家で、現金比率の高い不動産投資を行うパターンであれば、むしろ個人で行うことをおすすめします。

個人事業として賃貸経営を行って、自分の収入と合算して、減価償却をとっていきながら不動産投資を進められます。

逆に事業規模で資産規模10億円、家賃年収1億円のレベルを目指すのであれば、やはり法人で買い進めていくのが前提となり、購入する物件としては規模の小さい物件は除外します。

設立費用、決算のための税理士費用といったコストと比べても、規模を増やすことのメリットの方が大きいと考えます。

コラム

資産ゼロのフリーターから、六本木で年商4億円の不動産会社社長になるまでの軌跡

たった1人ではじめた不動産会社『株式会社水戸大家さん』は、今では東京の六本木交差点に本社を置き、社員が15名に増えて、昨年の売上は4億円を突破しました。累積で約400億円の融資付を行い、年間約200億円以上の不動産売買を取り扱うまでの規模に成長しました。

しかし、その道のりは簡単ではありませんでした。このコラムでは、私が高校を卒業してから、現在までの16年間で、どのようにしてお金を増やし、ビジネスを構築したのかを紹介します。

前著『新版　30歳までに給料以外で月収100万を稼ぎ出す方法』（ごま書房新社）をお読みになった方にはその後の顛末として、私のことをご存じない方には自己紹介代わりとして、参考にしていただけたらと思います。

本気になり、行動を続ければ、誰でも夢を叶えることができる、私自身はそう思っています。

私ははじめから起業家を目指していたわけではありません。もともと、小さい頃から、夢とか希望に縁のないタイプです。

ただ、「親元から離れたい」という気持ちがあったため、なんとなく「東京に出ようかな」という思いはありました。

貯金はその時点で200万円程度。子供の頃からのお年玉、家の商売を手伝って貯めた小遣い、休みにやった郵便局の配達やコンビのレジ打ちのバイト代などを、ほとんど使わず取っておいたからです。

昔から、誰かに何かを強制されるのは嫌いだったものの、ダラダラと無駄な時間を過ごすのも苦手でした。そして、あまり裕福でなかったせいもあり、どうせ何かやるならと、お金が増えることをしてきました。

同世代の友人のような夢とか理想は持っていなかった私ですが、「お金」があればいつか夢ができた時にきっと有利になると感じていたからです。

そうして貯めたお金を持って、親にろくに相談もせず、荷物をまとめて上京しました。

時給1000円で居酒屋のアルバイトをして、日銭を稼

ぐ毎日。無駄遣いをしない性格だったのでこれで十分生活できましたが、この仕事を一生続けるわけにもいきません。時間があると、新聞の求人欄やアルバイト情報誌を眺めていました。

19歳で社宅と食事つきの新聞配達員になる

東京はさすがに田舎の水戸に比べると、時給が高い仕事があります。しかし、その分だけ家賃も高く、1人暮らしをしようと思ったら、小さなワンルームでも5万円以上、まともに礼金と敷金を支払っていたら、引越しに30万円くらいは必要です。そんなムダなお金は支払いたくありません。「そうだ、新聞配達なら、寮も食事もついている」そう思いついて、そのあたりで一番大きな事業所に、電話をかけました。

そして、すぐ東京都小平市にある新聞事業所の寮に引っ越しました。ちょうど18歳のときです。こうして私は社会人デビューしました。

新聞配達の世界は驚くべき世界でした。ギャンブル狂いの人、商売で失敗して借金のある人・・・年齢も経歴もバラバラです。

昨日まで一緒に働いていた人が、朝になったら行方不明で、どうも夜のうちに誰かに連れ去れたらしい・・・そんな怖い話もよく聞きました。

その事業所で契約のカリスマという人にも会いました。彼の本業は和歌山のミカン農家なのですが、ミカンがヒマな夏だけ助っ人として登場し、3カ月でなんと300万円稼ぐのです。

カリスマはやはり常人の仕事の仕方ではありませんでした。彼は、「クレームがあったところを案内して」と言い、クセのある客ばかりを重点的にまわります。すると、相手は当然怒っていて文句を言うのですが、それを黙って最後まで聞きます。

文句のシャワーを浴びて謝罪したあとで「今回だけお願いします」とひと言。すると不思議なことにすんなり契約が取れるのです。

クレームのあった家は他の勧誘員が避けるので、そこが狙い目だったのでしょう。このカリスマの「人のやらない隙間ビジネスを探す」というやり方は、その後の私のビジネスの参考になりました。

新聞配達の世界では他にもいろいろな学びがあり充実していました。

ただ、雨の日の配達だけは逃げ出したくなるほどつらかったです。カッパを着ても雨は身体に凍みて下着までビショ濡れです。

視界や路面の状態も悪く、バイクで転倒した時には、水たまりに新聞が投げ出されました。車が通ったら終わりなので、転んで痛めた手足を擦る暇もなく、それを必死に掻き集めて積みなおしていると、痛さと惨めさで涙が溢れました。今でも雨の日の新聞配達員を見ると蘇って来る苦い記憶です。

結局、この新聞配達の仕事は2年間続けました。退職時、銀行口座に貯まっていたお金は600万円となっていました。

その後、不動産投資家を経て、不動産会社を経営する私は、投資家向けに無料面談を定期的に行っていますが、皆さんから「どうやってお金を貯めるのですか?」という質問をよく受けます。

私からすれば、応えは簡単、「ただ使わなければよい」のです。

厳しいことを言うようですが、節約してお金を貯めることができない人は、不動産投資で成功することは難しいと思います。

水戸に戻り、運命の一冊に出会う

20歳のときに、両親の希望で田舎に戻りました。東京での充実した生活の後、家業を手伝いながらの平凡な毎日は、苦痛でしかありません。

そんな日常に転機が訪れました。ロバートキヨサキの『金持ち父さん 貧乏父さん』が出版されたのです。

当時、ベストセラーとなり、テレビのワイドショーなどでもよく取り上げられていました。

「ハイリスク・ハイリターンで素人には向かない」などとコメンテーターが発言しているのを見て、「あまり自分には関係ないかな」と思いながらも、古本屋で見つけたので読んでみることにしました。

実際に読みはじめてみると、すぐに引き込まれ、夢中で本を読んでいる途中にはもう、「30歳までに投資家として成功して、セミリタイヤする」と決意していました。

その時、21歳。私が人生で初めて、未来への明確な目標を立てた瞬間かもしれません。

セミリタイヤに向けてまず始めたのは、アルバイトです。それまでは一日中、家業を手伝っていましたが、不動産の頭金を作るために週6回、8時間ずつスポーツクラブのインストラクターとして働くことにしました。

同時に、本の中で「株か不動産か権利収入がいい」と書かれていたので、自分にもできそうな株の勉強を始めました。

当時、本屋に並んでいた株の本はほとんど読んだと思います。貯金はありましたが、フリーターだし、いきなり勝負に出たら失敗すると思い、慎重さを心がけました。

株に限らず、全財産のうちの一部を、できるだけリスクの少ない方法で少しずつ増やす、というのが平凡ですが投資の原則だと思っています。

その後は、新聞の見出しから、動きを予想する戦法が当たりました。

「学校週休2日制」の記事が出た際は、「休みが増えれば、親たちは子供を予備校に通わせるはず」と、予備校株を購入し、3ヶ月で倍になりました。

株の波を読んで、下値で買って高値で売る手法も手堅かったです。リスクの少ない銘柄を選び、コツコツと利益を上げていきました。

ただ、株での投資は早々と手を引きました。私が株を始めたのは2001年の9・11事件で下がりきったあとだったので、勝ち逃げ出来ました。

その後、ライブドアショック、リーマンショックなどが起こりました。株はどんなに勉強しても、すべてのアクシデントを予想することは、絶対にできないと実感しました。

やはり株は資産を一気に失うリスクがあります。これからはじめる方には慎重に、とアドバイスをしたいと思います。

不動産投資の勉強をスタート

この時、23歳。アルバイト代にはまったく手をつけなかったため、貯金は800万円に増えていました。

その頃の私は、夜はパソコンで為替を眺めながら、昼間はスポーツクラブでマジメに働くという日常でしたが、不動産投資のための時間を作りたくて、忙しすぎる職場を退職することにしました。

スーツを着て働ける仕事で、すぐ思いついたのが不動産関係でした。

「不動産投資でセミリタイヤをする」と決めていたので、どうせなら、働きながら不動産のことを勉強できる職場がいいと思ったのです。

少しして、求人誌で見つけたハウスメーカーへの入社が決まりました。担当したのは住宅展示場で来場者にアンケートをとり、そこから個別に営業をかけながら、住宅を売る仕事です。

客を追いかけるスタイルが性に合わず、住宅情報をダイレクトメールにして見込み客に送り、問合せをくれた方に家を売るという方法で、成約を取りました。

このダイレクトメールは、よくある売り込みの内容ではなく、お客さんの役に立ちそうな住宅豆知識などを冊子にしたものです。

もともと文章を書くのは苦手でしたが、苦労して作ったダイレクトメールを見た人から見学会の申込みが入ると、嬉しくてやる気が出ました。

見込み客に対して情報を流し、そこから売上につなげるという意味では、今のメールマガジンの原型といえるかもしれません。

この会社の基本給は15万円で、契約を取った月は35万円くらいになりました。でも、毎日18時間働いて休みもなかったので、時給に換算したら数百円程度だったと思います。

こうして23歳から25歳まで2年間ハウスメーカーに勤めました。

収益物件を買うために有利な知識や情報が欲しくて就職したのに、実際は「売るスキル」と「買うスキル」はまったく違うもので、ここで長く働いても今後始める不動産投資の役に立つとは思えなかったのです。

職場に張り付いていて物件を見に行く時間も取れなかったので、「このままでは次のステージに進めない」という危機感から、退職を決めました。

忙しすぎてお金を使う時間がなく、貯金は大台の1000万円を超えました。

ちなみに、このハウスメーカーは数年前に倒産しています。振り返って思うのが、社員総出で休日出勤をしても、お客さんを必死で追いかけても、利益には結びつかないということです。時代の波を読めないビジネスには、いずれ終わりが来るのだと思います。

とにかく忙しい職場で、大変な思い出ばかりですが、ビジネスの基本である営業をしっかり学べたという意味では、いい人生経験になりました。

劣悪な環境の工場勤めで上司に本気で殴られる

ハウスメーカーを退職後は、水戸市の職業安定所で見つけた工場に転職しました。

大手メーカーの下請けで、エレベーターの部品を塗装する単純労働。冬は手がかじかみ、夏は脱水症状になる、そんな職場でした。

給料も年収280万円程度で、毎月の手取りはたったの20万円ほど。さらに、当時のサブプライムショックで景気が悪化した年は、年収が240万円まで下がりました。

前職より収入は減り、職場環境も良くありませんでしたが、定時できっちり終わって、不動産投資のための読書や勉強の時間がとれるのが、この仕事を選んだ理由です。

ロボットのように朝から晩まで働く日々。ある日のこと、仕事中に突然、上司に殴られました。

勤務時間中にふざけていた自分が悪いのですが、パワハラなんて言葉では言い尽くせないほど、思いきり殴られてボコボコにされました。

その時は本気で殺されるかもしれない・・・と恐怖を覚えたほどです。

あまりにも酷い殴られ方をしたので、会社が終わった後に、警察に行きました。その時の警察から「傷害罪で起訴できます」と言われるほど、酷い状況でした。

でも、起訴なんてできませんでした。なぜかと言うと、会社の上司を傷害罪で訴えたら会社を辞めさせられてしまうからです。

そして、実際その後どうなったかと言うと、会社側は、ボコボコに殴った上司の方をかばい、傷害罪レベルまで殴られた私を悪人扱いしたのです。

悪人扱いされた私は、さすがに我慢できなくなり、本気で会社を辞めようと考えました。

420万円のワンルームマンションで不動産投資開始

実はこの工場に入ってからすぐ、念願だった不動産投資家デビューを果たしていました。表面利回り11%のマンションのワンルームを420万円で購入したのです。そのとき、25歳でした。

借金は嫌いなので全額現金払い。人生で一番の大金を使った時は、不安というよりすがすがしかったです。まあ、借り手がなければ自分で住めばいいやと覚悟を決めたからです。

しかし、小さい頃から一所懸命に貯めた貯金が減るとさすがに不安になりました。そこで、補填として半年ほど漫画喫茶でアルバイトをすることにしました。工場の仕事の後のダブルワークで月5万円~10万円を稼ぎました。

思えば、これができたのも工場の定時出勤、定時退社のシステムのおかげです。そう考えると、上司に殴られはしましたが、あの工場にも感謝をしなければならないのかなと思います。

当時、レオパレスで一人暮らしをしていたのですが、その漫画喫茶には飲食のサービスもあり、夕食を自分で作って食費を浮かせていました。ダブルワークはハードでしたが、ハウスメーカーの頃に比べればたいしたことはありません。漫画喫茶でのアルバイトは意外と楽しく半年くらい勤めました。

その後、2件目の物件として自宅用に3LDKのマンションを購入しました。価格は630万円で現金買いです。不動産業者と親しくなり、バルクで持っていた投資家の持ち物を表に出る前の格安な価格で手に入れることが出来ました。

27歳で、宅建（宅地建物取引士、当時は宅地建物取引主任者）の試験に合格。参考書を20回くらいじっくり読み、一発で通りました。

正直な話、不動産の世界には相手の足元を見てズルをするような輩がゴロゴロいます。

こちらが素人なのか、そうでないのかによって、対応も変わってきます。「宅地建物取引主任者資格者」と書かれた名刺を渡したときの業者の対応を見ても、資格は強力な武器となることを感じました。

地域限定・超高利回り投資法をスタート

この頃、藤山勇司さん、加藤ひろゆきさん、山田里志さんといった当時人気だったサラリーマン大家さんの本を読み、不動産投資で利回り10%どころか、30%、50%が得られるやり方があることを知りました。

「失敗した！　もっと勉強してからやるんだった・・・」

そのときのショックは相当なものでした。今ならわかりますが、地方で利回り10%程度の投資を繰り返しても、セミリタイヤという目標には届きません。現金で10戸買えれば可能かもしれませんが、そのためにはかなりの資金が必要です。

そんな失敗をした私は、成功の秘訣として、「なんにせよ初めての時は、素直に成功者のマネをすること」が大切だと気付きました。

早速、売り出し価格に大幅な指値を入れる加藤ひろゆきさんのやり方をマネしてみることにしました。

そして2008年2月、400万円で売り出されていた2戸一括売りの中古戸建てを200万円（利回り48％）で購入。

同年4月には、2DK×6戸のアパートを1300万円（利回り22％）で手に入れました。現金が足りなかったので、アパートの購入費用は地元の信用金庫から借りました。

それまですべて現金買いだったので、自分にとっては初の借金です。借金にはいいイメージがありませんでしたが、自己資金0で買えて、返済後のキャッシュフローが14万円入ってくるという体験をして、「安く買えてキャッシュフローが潤沢に出るなら、借金もアリだな」と思うようになりました。

不動産投資では、銀行のローンを使って少ない自己資金で多くの家賃収入を得ることを「レバレッジを利かせる」といいます。この原理はよく「てこの原理」と例えられます。

例えば、500万円の現金で500万円の戸建てを買った場合、利回り10％なら家賃収入は5万円です。

一方、500万円の現金を頭金にして銀行から4500万円の融資を受け、5000万円のアパートを買った場合、利回り10％なら毎月の家賃収入は50万円になります。

レバレッジをうまく使えば、セミリタイヤへのスピードが加速します。超高利回りの物件を自己資金を抑えて買うことができれば、1年もしないでセミリタイヤすることだって可能でしょう。

ただし、借金はリスクにもなります。ですから、毎月の返済比率を抑えて、ゆとりを持って返せる物件を選ぶことが大切です。

利回り70％のソシアルビルを買い、28歳で専業大家に

2009年9月、セミリタイヤへの大きなステップとなる一棟と出会いました。

14戸のテナントが入る全空の鉄骨造4階建てのソシアルビル。ソシアルビルとはスナックやバー、居酒屋など、水商売系の職種が営業するビルです。

立地も水戸の中では一番の繁華街で申し分がありません。当初5000万円台で売られていたものを運良く半額以下で手に入れました。

ソシアルビルは、住居とちがい、特殊な世界の人たちと関わらざるを得ない場面が必ず出てきます。実は、契約の過程でだまされて悔しい思いをしたこともありました。

しかし、「なんとしてでもこの物件は手に入れたい」という思いがあったため、失敗にとらわれず、購入できる道をなんとか探りました。そして、資金を知人から借り入れ、煩雑な手順をひとつひとつクリアし、とうとうこのビルを自分のものにしたのです。

満室時の利回りは70%。全部埋めれば家賃収入は月に100万円以上です。

この時、「会社勤めを続けるより物件にエネルギーを注ぐ方が効率的だな」と考え、この年の10月、ついに私はサラリーマン生活に別れを告げました。あと1週間で29歳になるという時でした。

28歳で退職したのは「少しでも若いうちにセミリタイヤしたほうが、多くの時間をビジネスに使えて成功しやすい」と思ったからです。

給料という定期収入はなくなるものの、すでに所有する4物件からのキャッシュフローが月36万円と、これからお話するネットビジネスからの収入もあったので、不安はなかったです。

その後、このソシアルビルは売却しました。年間の家賃収入は悪くても600万円で、満室で850万円。4年間保有しまして3000万円で地元の投資家に購入いただきました。

購入した費用は保有時の家賃収入で回収していましたから、売却はそのまま儲けになります。むしろ税金が大変なくらいでした。

私を専業大家にしてくれた、この投資は大成功でした。

発行から1年でメルマガからの収入が300万円を超える

私は、当時不動産からの収入以外にも、もうひとつ大きな収入の柱がありました。それが、2008年の終わりから始めたインターネットビジネスです。

私の場合、ある程度の貯金があり、インターネットビジネス自体を知らなかったため、自然と不動産投資を先に始めました。このビジネスに出会ったときは給料も家賃収入もあったので、「少し稼げればいい」という軽い気持ちでスタートし、最初はブログでアマゾンのアフィリエイトをして、月に3000円の利益を得て喜ぶといったレベルでした。

しかし、そのうち「もっと稼げる方法はないだろうか」と、インターネットビジネスに関する書籍や教材を買って読んでいくうち、年に1億以上稼いでいる人がいることがわかり、衝撃を受けました。

不動産投資と一緒ですぐにネット界の第一人者である川島和正さんの真似を始めました。

そして、自分の見解の正しさに自信がわき、さらに大きな収入を視野に捉え、がぜんやる気が出ました。

最初、130人しか購読者がいなかったメルマガは、スタートから11カ月で3万8000部を超え、まぐまぐの不動産投資部門で第1位にまで成長させました。その秘密はいくつかありますが、広告費を出し惜しみしなかったことにあるかと思います。メルマガを多くの方に読んでもらい、そこからビジネスへと繋げなければ意味はありません。ですので、私は売上をストックせず、ほぼ全額を読者募集のための広告費に費やしました。

当時、アフィリエイト収入や、他のメルマガからの掲載依頼（広告収入）が増加し、集計すると毎月のインターネットビジネスの収入は約30万円以上になっていました。それを全額投入し続けていくことには勇気がいりましたが、損して得取れの投資の精神で継続していきました。

この後、2010年に初めての著作『30歳までに給料以外で月収100万を稼ぎ出す方法』（ごま書房新社）を出版しました。それから信じられない加速度で、ネットビジネスの収益が激増しました。

ある月は月間のインターネットビジネスからの売り上げが500万円近くになりましたが、それも迷わず全額広告費へ投入しました。

「もったいない」という人が多かったですが、私のゴールは先にありましたのでなんとも思いませんでした。このビジネススタイルこそ私の原点であり、いまの成功の礎だと思っています。

宅建業者になってすぐに大震災で水戸を離れることに

2010年11月には大きな変化が訪れました。昔とった宅建の資格を生かして、宅建業者になることを決めたのです。

動機は、他の人にも「もっと不動産投資で儲けてもらいたいと思ったから」です。早速、法的な手続きなど、具体的な準備を始めました。

不動産は1軒仲介すると100万、200万円といった大きなお金が入ります。これが、毎月2つ、3つと続きます。

私の紹介した物件が一棟目という方も少なくありません。責任を感じると同時に、とてもやりがいがある仕事です。「よし、この調子でがんばるぞ」と張り切っていた矢先の2011年の3月、東日本大震災が起こりました。

自宅のあった水戸市は、震度5強が直撃、電気も水道も電話すらも使えなくなる大惨事でした。

当時仕事で必須だったパソコンの充電すらままならない状況です。私は所有物件の状態の確認もままならぬ中、家族を連れて車で西へ、西へと移動し、最終的に熊本に拠点を移しました。

幸い、所有する物件には大きな被害もなく、家賃収入はどこにいても毎月、きちんと指定の口座に入金されてきました。こんなときにでも継続的に収入があることのありがたさを身を持って知った瞬間でした。その後は、ホテルを転々としながら、これからどうしようと考えていました。

大家さんを始めようと思っている方、不動産投資がうまくいかない方への無料面談も当時から行っていました。時間もあったことにより、これを熊本や博多、など九州でも続けていました。

すると、新しい発見がありました。今までは関東近郊がメインだったのですが、実は全国にも多くの困っている大家さんがいることを知りました。

そうこうするうちに面談の数も増え、いつまでも根なし草では落ち着かないと思い、オフィスを構えることにしました。

どこにしようか場所をいろいろ検討する中で、六本木が候補にあがりました。

そして、2011年の暮れに六本木の小さな雑居ビルで、『株式会社水戸大家さん』が再スタートしました。

当時は自分の家は借りられなくて、2週間程事務所で寝泊まりしていました。

先行きがまったくわからない中、自分の力を信じて無我夢中で働きました。その時も家賃収入は私を助けてくれました。

幸いなことに仕事はたくさん入りました。

一人だけの会社です。さほど経費はかかりませんでしたが、仕事が増えて人手が足りず社員を募集します。

翌年の2012年は5人まで増やしましたが、うまく行きませんでした。人が定着しないのです。実はその時、経験不問で初心者ばかりを雇っていたのです。

初心者には一から教えなくてはいけません。私は目先の仕事に追われ、社員教育まで手がまわらなかったのです。

雇った社員が次々に辞めた時は、絶体絶命のピンチでした。売り上げが上がらないどころか、赤字に落ち込みました。

「六本木から退散しようか」と一度は覚悟を決めました。

いよいよ資金繰りに困ったあげく、物件の売却もしました。社員と会社のためにお宝物件をあえて手放したのです。

はじめて融資を引いて購入した利回り22%1300万円のアパートを1750万円で売却したのです。

高く売れて助かりましたが、4年保有してその間ずっと満室で回っていた高利回りアパートです。

その物件だけで家賃収入が年間300万円程度ありましたから、手放すのは経営者としての苦渋の決断でした。

そうして、なんとか持ちこたえることができました。

赤字からのV字回復、その秘密は・・・

その後、「なんとかうまく会社を立て直す方法はないだろうか？」と必死で考えました。

初心者の社員で失敗したので、方向転換して不動産売買のプロを中心に雇うようにしたらどうかと考えました。

私は経営者の経験がなかったので、社員はつい「自分が使いやすい人」という視点で初心者を選んでいました。

しかし、投資家から見れば、経験豊富なプロに頼みたいと思うのは自然な感覚でしょう。

いま一度、投資家の気持ちに立ち返り、社員の募集をしました。

私の目論みは見事当たりました。キャリアのあるベテランが入社して、その結果、どんどん業績が上がるようになりました。それが2012年の秋から冬にかけてです。

２０１２年の年商は６０００万円ほどでしたが、翌年には同じ4、5人で1億５０００万円。3倍になりました。

そして、２０１４年1月に、業務を拡大させるために、立地も最高な六本木交差点、しかもアマンドが1Fにある超有名なビルにオフィスへ移転します。まずワンフロア借りて、手狭になったためさらにもうワンフロアを増やしました。

正直、六本木の一等地にあるオフィスを借りるのは大変です。保証金も高いですし会社をしっかり見られます。

当社の場合は、会社の信用ではなく同業種がすでに入居しているということで断られていましたが、様々なツテを使って借りることができました。

そうして、社員が1人増え、2人増え、気づけば社員は15名まで増えました。これから管理部に力を入れるため、まだまだ増える予定です。

２０１４年の年商は約4億円。前年の倍以上の売上となり、本書を刊行する２０１５年は、3月期末時点で昨年の年間売上以上を達成してしまいました。売上ベースで1ヶ月９０００万円くらい出ました。

また各地の投資家に向けて無料面談も６０００人を超えました。

今年は昨年よりもさらに多く地方をまわっています。だいたい1ヶ月に2箇所の地方をまわっているペースです。

地方へ行くときはホテルに泊まらないといけません。社員も同行しますから交通費だって馬鹿になりません。そして、一回地方へ行くとなるともろもろで１００万円程度の経費はかかります。

最初のころは「こんなに経費をかけてしまって大丈夫なのだろうか」と、心配ばかりしていました。

しかし、蓋を開ければ心配無用でした。やり方があっているのか、地方でもたくさんのお客様がいらしてくれました。最終的には、六本木で契約を行うことがありますし、私たちが地方へ出向いて契約することもありますが、とにかくお客様とは直接お会いして話すことがモットーです。

かつてはネットビジネスをしていた私ですが、今はリアルコミュニケーションを大切しています。

無料面談ですから、ただ「不動産についての悩みを相談したい」ということも多くあります。もちろん、そうした方も歓迎しています。

長い目で見ると、会って話すということで、信頼関係が産まれます。人の縁が縁をつないで、最終的に売上につながっています。もちろん、お客様も良い物件が購入できたり、良い条件で売却ができたりと、完全にｗｉｎｗｉｎの関係を目指しています。

28歳で会社を辞めてセミリタイヤした私ですが、今では月の半分程度は六本木の会社社長、月の半分程度は地方で無料面談を行う忙しい毎日を過ごしています。

忙しいといっても、人に雇われているのと、自分が人を雇っているのでは大きく違います。

私は、随分遠まわりしましたが、ようやく小さい頃から自分の思い描いていた夢のレールに、いま乗りはじめたことを実感しています。

失敗から始まった私がひとつ言えるとすれば、人生はまず明確な目標を定めることから始めて欲しいということです。

それが起業であっても投資であってもかまいませんが、なんとなく・・・ではダメです。それではいつまで経っても満足いく人生は訪れません。

何歳までにいくら稼いで、どんな夢を叶えたいか、そのためにはどのような手段を取れば良いのか？　まずはここからはじめてください。

第2章

あなたは、どの金融機関から いくら融資を受けるべきか

～融資から逆算する～

第2章は銀行融資の攻略方法です。基本的なことから、ヒアリングテクニック、金融機関別の特徴まで、融資を有利に使いこなす具体的な方法をお伝えします。

低所得者でも使える金融機関から、金融資産1億円以上の方限定の金融機関まで、今現在、不動産投資に使える金融機関を一挙にご紹介します。

また私は様々な地方を巡って無料面談を行っています。

投資家からお話を聞くことにくわえて、地場の不動産業者と情報交換をしたり、地場の金融機関へのリサーチも欠かしません。

そうした中で、その地方ならではのスペシャルな金融機関を探しあてることができます。

地域限定になってしまいますが、一般的な不動産投資書籍ではほとんど出てこない地方在住の投資家向けの情報もありますので、参考にしてください。

1 金融機関選びでもっとも大切なことは

金融機関選びについては、どこに住んでいるかによるところが大きいです。

基本的にはメガバンクは総じて広いエリアを対象としていて、地方銀行は本店のある地元を中心に支店がある地域が対象となります。

中には都心に本店があって北海道にも支店がある信金など、イレギュラーなこともありますので、一概にはいえません。

覚えていただきたいのは、地方に住んでいるからといって、あきらめる必要はまったくないということ。逆に東京に住んでいるからといって、どこでも借りられる訳でもないということです。


例えば、メガバンクから金利1％の融資を受けたい・・・そう希望があったときに、今人気があるのは、名古屋市内か札幌市内の築浅ＲＣマンションです。

利回り9％あれば、築浅で融資年数が伸びることにくわえて、メガバンクの低金利のおかげで、返済比率は40％を切ります。

銀行評価が出れば自己資金が少なめでいけるとあって、当社では今もっとも人気です。ここでネックになるのは投資家の居住地に銀行の支店があるかどうか、つまり営業エリアであるかどうかです。

例えば、りそな銀行を使いたいと希望しても、県によっては、りそな銀行の支店がありません。そうなると、その人は対象にならないのです。メガバンクだからといって日本全国にもれなく支店があるかといえば違います。

沖縄県に住む投資家からすると、メガバンクはみずほ銀行しかありません。そうなると、みずほ銀行を使った不動産投資しかできないのです。とはいえ、実際のところ、沖縄のみずほ銀行はほとんど本州を取り扱わないと聞きます。

沖縄の投資家で本州へ投資したいときに使える銀行は、地方銀行でいくつかあります。ただし、メガバンクほど金利条件はよくありませんから、そこでまた変わってきます。

このように「どこに投資できるか」という観点でいえば、自分がどこに住んでいるかがもっとも重要になります。

2 金融機関攻略の基本～ヒアリングテクニック～

自分の住む町で金融機関を探すのであれば「県もしくは市　金融機関」と検索すれば、すべての金融機関を知ることができます。

ローラー作戦ですべて電話攻撃してみるのが良いでしょう。融資担当者につないでもらって自分の属性、年収、自己資金を口頭で説明して、土俵に乗るかどうかを聞いてみます。

そこで「土俵に乗る」と返答をもらった金融機関だけアポを取ります。

銀行めぐりは平日行う必要がありますが、一日あればまわれます。県内であれば2、3日かかるかもしれませんが、そうやって自分に貸してくれる銀行を片っ端から当たっていくのが地道ですが一番確実です。

ある程度、銀行にヒアリングした上で、その銀行の基準に合致する物件を持ち込みます。

そうすると探すべき物件も具体的にわかります。この順番を間違えてしまうと、投資は遠回りになります。

いくら自分で良い物件だと思っても、融資がつかなければ買うことはできません。

銀行へのヒアリングを行うときには、特別な準備はいりません。しっかりした人間に見られるように身なりを整える必要はありますが、この段階では特別な資料は準備しなくて大丈夫です。

すでに購入希望の物件がある場合は物件資料や、源泉徴収票などがあった方がいいですが、ヒアリングのときは用意しなくても大丈夫です。

結局のところ、実際に購入する物件が出た時には、すべて出し直しになります。もちろん、銀行に求められたらすぐ出せるように書類を準備しておくのは良いことです。

なお融資に必要な書類については第6章で詳しく紹介していますので、参考にしてください。

「金融機関調査シート」

金融機関調査シート

年　月　日

【訪問時必要資料】
・身分証明書
・源泉徴収票直近三期分（確定申告をしている場合その写し全て）
・金融資産のエビデンス
・身上書（経歴書）

金融機関	
支店	
担当者	
TEL番号	
FAX番号	
mail	
ご住所	

融資可能エリア	
構造別融資期間（又は耐用年数）	木造　年
	軽量鉄骨増　年
	鉄骨造　年
	RC　年
オーバーローンの可否	可・否

融資対象

得意とする対象物件	□	区分所有	□	RCマンション
	□	戸建て	□	木造アパート
	□	店舗・テナント	□	その他（　）

積算評価　掛け目	
収益還元評価　還元利回り	%
融資可能額	円
融資金利	%

過去の融資実績	例：～市で築浅のRCにオーバーローンをつけた等

※必要自己資金額	割
※残債額	円
保証人	有・無

その他金融機関の特徴
例：築古木造の融資の可否
例：容積オーバー物件の融資の可否
例：耐用年数超えの融資の可否
例：空室の多い物件への融資の可否　etc

※備考

☆以下ページより「金融機関調査シート」の
エクセルファイルがダウンロードできます。

http://mnsm.jp/kinyu.html

※なお、この「金融機関調査シート」を参考にして損害が生じた場合も一切責任を負えません。金融機関からの融資は自己責任にておこなってください。

3 まずは融資ありき、逆算からはじめる物件選び

居住地が前提にあったうえで、そこに年収をはじめとした属性、さらに物件の評価といくつかの要素が複雑に絡まり合うのが融資です。

年収1000万円以上の方にはどんどん貸す銀行が、年収500万円の人には貸さないといったケースが多くあります。

そのため、居住地にある金融機関の融資条件や、自身の属性がどこまで評価されるのかといったことを把握したうえで、目標家賃年収、必要なキャッシュフローを設定して、さらに逆算する形で、目標を果たせる物件で融資が受けられる物件を探していくのが早道だと思います。

物件の種別に関していえば、銀行融資に強いのはRCという印象を皆さんお持ちですが、それも銀行によりけりです。

木造についていえば、一般的に融資が出にくいということにつきます。

例えば、とある静岡の地銀でいえば、木造の築古物件に対して金利3・3%で融資

を行います。同じことを以前は同じ静岡にある某地銀で行っていました。

しかし、これはレアケースであり、本来融資が出やすい物件といえば、耐用年数の長い鉄骨やＲＣがあげられます。

基本的に法定耐用年数を基準にすることが多いですし、延ばしてもさほど年数はありません。

銀行からすれば、金融庁との絡みもあり、築古の物件はやりにくいという実情があります。

逆に投資家目線でいえば、利回りが高いということもあって、木造の築古を買いたいという希望があります。

そうして銀行は、お客さんのニーズと金融庁の規制の板挟みを受けている訳です。

その結果、投資家としても銀行から見て融資を出しやすい物件・・・鉄骨やＲＣを検討していくことになります。

しかし、築古の木造であっても出すという銀行があれば、ＲＣにこだわらなくてもいいと思います。もちろん、キャッシュフローが出るという前提です。

融資が受けられて、しっかり収益を上げることができるのであれば、物件種別は問いません。

ただし、テナントや事務所といった商業物件に対しては、銀行は厳しく見ますので、あくまでもレジデンス（住居）を購入対象にしましょう。

また、目標家賃収入をできるだけ効率よく達成するためには、ある程度の規模で物件を購入する必要があります。とくに規模拡大を前提としている投資家は、利回りだけでなく投資効率もよく考えて物件を選びましょう。

4 銀行評価は3種類

投資効率を考えたとき、鉄骨やＲＣの大きな物件を購入しなくてはいけないのかといえば、そうとも限りません。

木造でも新築で立地が良ければ、１億、２億の物件もあります。

繰り返しになりますが、物件種別に関していえば、「○○でなければいけない」ということはありません。

誤解されている投資家も多いのですが、積算評価が高ければ物件は買えるという風潮ですが、それは大きな勘違いです。

買い進めるために必要なのは、その銀行が「何を見るのか」を知ることです。

銀行によっては収益還元評価しか見ていない場合もあります。積算をまったく見ない・・・そんな銀行もあります。

結局のところ、複数銀行と取引をするにあたり、各銀行の指標からはずれてしまっていると借りることができません。

例えば、収益還元評価で見る銀行であれば、いくら高積算でも自分の営業エリア外の物件や、法定耐用年数をオーバーしていたりすると、これが属性棄損となります。

他の銀行がそれを良しとして、融資を出したとしても、その銀行から見ればマイナスでしか見てもらえないのです。

そう考えると、積算評価だけにこだわるのはナンセンスだと思います。

銀行からの評価は次の3通りです。

・積算評価を重視する
・収益還元を重視する
・積算評価・収益評価どちらも見る

メガバンクによっては、数年前は収益還元評価で見ていたけれど、今は積算評価だけを見るという銀行もあります。

結局のところ、物件評価の仕方はその銀行によって変わるもので、時期によっても大きく変わります。

だから「〇〇でなくてはいけない」といったように、画一的なルールはありません。むしろ見方は「みんな違う」ということを覚えていただきたいと思います。

自分の属性と住んでいる場所と、どれぐらいの事業規模で不動産投資を行いたいのかという目標値がまずあって、そこから選べる銀行も決まってきます。

そして、その銀行の基準を満たす物件を購入するというのがルールです。

そのうえで、キャッシュフローが得られるような良い条件の物件を選びます。銀行の条件に一致したからといって、手元にキャッシュが残るかといえば、そうでもありません。そこは投資家の視点で、物件を厳選する必要があります。

それが、「まず、融資ありき」という考え方の不動産投資です。

また、銀行によっては、個人へ融資をするのか、法人へ融資をするのかといった違いもあります。

銀行によっては「法人融資もやります」と言っていても、結局のところ個人にしか出していないこともあります。

要は、銀行は表向き「何でもやります」とは言っていますが、個人でないと通らないということもある訳です。

個人の融資の場合、限度額というデメリットもありますが、団信をつけることができますので、「個人で高利回りの古い木造アパートが欲しい、できれば団信を付けたい」という希望があれば、それにフィットする銀行があります。

年収が高いからRC、低いから木造というのも違います。

先述した年収５００万円のケースで、外資系Ｓ銀行を使おうと思えば、鉄骨かRCでなければ買えません。

それが外資系Ｓ銀行のルールだからです。エリアもルールに基づいて限られます。

年収５００万円で、「自己資金は手付金程度です」となれば、この外資系Ｓ銀行でフルローン融資くらいしか選択肢はありません。

そうなると高属性でなくても、鉄骨かＲＣしか選択肢がないことになります。

このように、道が多すぎるので、「この方法が正しい」という風にキレイに振り分けることはできないのです。

ご自身の属性から、どれくらいの事業規模を目指すのかといったところを明確にしたうえで、使える金融機関を選ぶ・・・そこから、どんな物件を購入したら良いかが導き出されます。

それでは、具体的に金融機関別の特徴や攻略法をお伝えします。あくまで今現在の情報です。

融資状況は刻々変化していきますので、あくまで参考としてご覧ください。

日本政策金融公庫

不動産投資の勉強をはじめた方であれば、一度は耳にしたことがあるでしょう。政府系の金融機関で非常にハードルが低いのが特徴です。

日本政策金融公庫を使って、不動産投資をしようと考えている人も多いと思います。

そこで日本政策金融公庫はどんな金融機関なのかということを簡単に解説します。

まずメリットとしては、次があげられます。

・低所得者でも融資の可能性がある
・日本全国の物件が融資の対象である
・低金利（2％前半～）
・法定耐用年数をオーバーしての融資も可能性あり
・10年固定など長い固定金利
・根抵当権を付けて返済すると理由無しに再融資してもらえる

という感じです。

ここまで書いていると、低年収の方でも全国どこの物件でも、築年数の古い物件でも融資の可能性があり、低金利で融資を引けるので「この金融機関で投資をしてみたい！」と考えられる方もいるかと思います。

ですが、実は日本政策金融公庫は、長所も多いのですが、短所も同じくらいある金融機関なのです。

では次に短所を説明します。

・個人で借りると原則で融資期間10年

・物件の担保価値を収益物件は半分くらいしか見ない

つまり、日本政策金融公庫は、原則として設備資金に10年の融資しか出しません。対策としては、女性は優遇されるので、例えば奥さんの名義で融資を引くと15年や20年に融資期間が延びることがあります。

また、法人への融資であれば原則15年になるので、法人を立てて融資を引くのも良い方法だと思います。

そして、もうひとつの短所である、「担保評価の半分しか融資が出ない」ですが、これは正確にいうと、土地は55%、建物は50%の評価になります。

評価額は積算評価と呼ばれる評価額で、土地は相続税路線価額と平米数をかけたもの、建物は木造なら平米15万円、鉄骨なら平米18万円、RC造なら平米20万円をかけたものから、法定耐用年数から築年数を引いた分を減価させた金額で程度の評価額は出せます。

その評価額の半分しか融資額が出ないのですが、これが1番の問題になります。

つまり、自己資金が多い人か、評価額がものすごく高い物件でないと自己資金を少なめで投資をすることが難しいのです。

ただ、これも1回目の融資や、女性への融資、55歳以上の方へ融資であれば、優遇措置がありますので、公庫を利用する場合は、とにかく物件を持ち込んでみるということが大事だと思います。

基本的に、評価額の大きな物件であれば、公庫は使える可能性があり、しかも融資年数も長くする対策もあるので、年収が低く「どうしても銀行では無理かもしれない」という人には検討の余地があると思います。

あと注意点としては、支店の担当者によって融資に対する姿勢がまったく変わることです。「○○支店はダメだけど△△支店は出るよ」といった話を聞いたことはありませんか？

そのため、当社では支店開拓は欠かせません。業者さんからの情報でも、投資家同士の情報でもいいと思いますが、もっとも最新の情報を、つかんでいる人から紹介を受けて、融資を出す支店の担当者に狙いを定めていくのが、一番効果的戦略です。

なお公庫で買いはじめてから違う銀行に行くことは難しいので、年収が高い方で最初から大きな事業規模を目指す投資家にはおすすめできません。

例えば後でご紹介するメガバンクであれば、古い木造に長い融資はつきません。

所有物件が500万円の戸建て程度なら良いでしょうが、公庫の個人枠4800万円、法人枠7200万円ですので、枠いっぱいまで築古物件を購入している場合は、メガバンクからみて属性毀損をしている・・・というマイナス評価になってしまう可能性があります。

低属性の個人に向いている金融機関ということを認識してください。

【事例4】マイナー地方高利回りを公庫の融資で購入！

Bさん（仮名）

居住地／埼玉県

年　齢／45歳

年　収／1200万円

職　種／専業大家

融資額・融資条件・自己資金／物件4000万円（ローン3000万円）、2・5％20年、1000万円
取得物件／中古築34年、木造アパート、14室
家賃年収・CF／560万円、融資返済190万円、ランニングコスト84万円（15％）、手残り286万円

この物件は、築34年の木造アパートだったため、融資の付きづらい物件でした。

Bさんは専業大家業をしており、他での家賃収入を頭金にして、公庫から借入れを行いました。

手残り比率51％で、投下資本は4年で回収できます。かなり効率の良い投資と言えます。

信用金庫・信用組合

・不動産投資に積極的な信金・信組・・・地域によって融資基準が緩い信金・信組があります。

例えば、広島の例でいうと、某信組が年収300万円足らずの投資家に10億円以上出したという実績があります。審査スピードも非常に早い金融機関です。

大阪にも低年収でも、収益還元法で融資を出す信金があります。従来、融資は適法物件に出すものですが、この信金であれば既存不適格の物件にも融資が出るという実績があります。

これも地域ごとに違います。とくに関西では違法物件が多いせいか、違法物件であっても融資を出す金融機関が多いのです。

これも大阪の信組の話ですが、一棟目は阪神間の物件でなくてはいけませんが、二棟目以降が日本全国対応となり、投資の幅が広がります。

他にも神奈川のとある信組では、12都道府県に支店があり、かなり広範囲で物件検討ができます。

不動産投資に積極的な信金・信組の特徴は、収益還元評価を主としており、年収を問わない、融資期間も法定耐用年数でなく独自の基準を持っていることです。

物件種別に関しては、木造はやらない、鉄骨とRCのみに出す・・・という方針を持っているケースもあります。

その場合はいくら収益還元評価といっても高利回りの木造アパートは土俵には乗りません。

そういった融資基準に独自性や柔軟性のある信金・信組の場合は、金利3～3・5％と少し高めなところが多いです。

また信金・信組の大きな特徴といえば、原則フルローンはありません。中には例外もありますが、最高で物件価格の90％です。つまり1割の自己資金は必要です。

書籍やインターネットで見る融資の情報は、どうしても首都圏に偏りがちですが、じつは地域限定のスペシャル銀行はあるものです。

とくに信金・信組は他の居住者は使えませんから、地方在住だからといってあきらめることはありません。

広島や大阪の例でいえば、首都圏在住に比べて、むしろ有利です。住んでいる地域の金融機関については、しっかり研究しましょう。

・一般的な信金・信組・・・不動産投資に積極的ではない一般的な信金・信組の場合は、積算評価と収益還元評価どちらも見るケースが多いです。そのうえで、積算評価に比重を置くのが多いのではないかと思います。

積算評価額に補正率125％かけて、掛け目として7～8割かけて融資金額を算出します。

積算評価重視の信金・信組であれば、金利2・5～3・5％が多くなります。

融資期間は信金によります。法定耐用年数以上に伸ばすところもあれば、耐用年数きっちりという信金もあります。

そもそも不動産投資へ融資・・・賃貸業への融資を取り扱っていない信金もありますから、それこそ居住地によるところは大きいです。

【事例5】年収が低いにもかかわらず、信金・信組を利用し融資を勝ち取る！

Yさん（仮名）
居住地／大阪
年　齢／42歳
年　収／400万円

職　種／自営業

融資額・融資条件・自己資金／物件4000万円、3・5％25年、250万円（諸費用）
取得物件／築19年、鉄骨造マンション、12室
家賃年収・CF／440万円、融資返済240万円、ランニングコスト66万円（15％）、手残り134万円

信金・信組は、地域密着型の融資を積極的に取り組んでいます。

Yさんが利用したのは信用組合なのですが、ここは収益還元法で物件評価を出しました。

法定耐用年数的に融資が付きづらかったのですが、法定耐用年数の残存期間プラス10年で、自己資金を抑え取り付けることができました。

地方銀行

地方銀行には第一地方銀行、第二地方銀行の2種類があります。サラリーマン投資家の知る地方銀行でいえば、スルガ銀行、静岡銀行、千葉銀行などは第一地銀、関西

アーバン近郊は第二地銀です。

ちなみに、地方銀行も信金・信組と同様に融資金額は、収益還元評価を取っているところで基本90％です。ケースによっては自己資金少なめの借り入れができる能性もありますが、１割の自己資金を出す心づもりでいた方がスムーズです。

融資は市況によって左右されるところがあります。次にどうなるのか、それは誰にもわからないことですが、良い状況といわれている今、次にもっと良くなるよりは、今より悪くなる可能性は高いように思えます。

新章と重複しますが、甘い見通しでいるのは危険です。ある日突然、融資の引き締められることは過去に何度もありました。煽るわけではありませんが、買えるときに買っておかないと買えなくなる可能性はあります。

とくに融資に積極的と言われる地銀銀行では、いきなりの変更がよくあります。、某地銀から先月は「エリアを少し狭めます」と言われましたし、某地銀は資産背景のチェックを厳しくするということになりました。

これまで属性や物件の条件さえ合致していれば、スピーディに審査が通ると言われていた地銀にも変化が見られます。「融資が緩い」「金利が安い」「フルローンもいける」と浮き足立っているサラリーマン投資家も多いですが、最近で意外に難しいと言われるケースが出てきたので、私たちも驚いています。

・第一地方銀行・・・第一地方銀行は「地方銀行」と呼ばれます。各都道府県に本店を置いて、各地方を中心に営業している銀行です。第一地方銀行は全国に64行あります。

・第二地方銀行・・・第二地方銀行は「第二地銀」と呼ばれます。小規模な金融機関が多く、地域の住民や地元の中小企業が主な顧客となります。第二地方銀行は全国に41行あります。

［事例6］S銀行にて一回で1億円の融資を受ける！

Tさん（仮名）
居住地／東京
年齢／38歳

年　収／720万円
職　種／会社員

融資額・融資条件・自己資金／物件9250万円、4・5%30年、800万円
取得物件／築22年、鉄骨造マンション、17室
家賃年収・CF／994万円、融資返済608万円、ランニングコスト198万円（20%）、手残り188万円

Tさんがはじめて購入した収益不動産です。自己資金がほとんどありませんでしたが、自己資金少なめで物件を取得することができましたのでほとんど諸費用分の手出しだけで済みました。

ノンバンク・外資系金融機関

ノンバンクとは預金業務を行わず、銀行からの融資などによって調達した資金で与信業務を行う機関。銀貸付だけを行う金融機関のうち、銀行や信用金庫などを除いたものを指します。文字通り「ノンバンク（銀行以外の金融機関）」です。

金融機関によっては、金利が高かったり、共同担保を求められることはありますが、

比較的年収制限も低く、ほかの金融機関では融資のつきにくい物件にも、融資をつけることができます。

また、外資系金融機関にも、不動産投資に積極的な金融期間はいくつかあります。こちらも信金・地銀とはまた違った条件の融資を行います。条件に合う物件を見つけることができれば、こちらもあまり年収のハードルは高くありません。

メガバンク

大都市を中心に基盤を持ち、全国に支店を持つ規模の大きい銀行を都市銀行、メガバンクと呼びます。りそな銀行、三井住友銀行、みずほ銀行、三菱東京ＵＦＪ銀行の4行があります。メガバンクで借りるサラリーマン投資家もいますが、基本的には地銀、信金の方が取り組みやすいとされています。

[事例7] メガバンクにて一回で2億円の融資を受ける!

Eさん（仮名）
居住地／東京

年　齢／42歳
年　収／1300万円
職　種／会社員

融資額・融資条件・自己資金／物件2億円、1.2％35年、1200万円（諸費用）
取得物件／築10年、RCマンション、30室
家賃年収・CF／1700万円、融資返済700万円、ランニングコスト340万円（20％）、手残り660万円

Eさんは一部上場企業にお勤めで、金融資産7500万円を持っていました。安定性、将来性、金融資産、物件評価等、総合的に判断していただき、メガバンクから自己資金をかなり抑えて借り入れることができました。

今後、銀行融資に何かしらの変化がくるということを仮定した場合、その変化を乗り越えて買い続けるには、やはり一棟目を購入することだと思います。

個人でも法人でもいいのですが、景気が悪くなる前に物件を買った方がいいと思います。景気が悪くなったら物件価格は下がるでしょうが、融資が厳しくなれば、自己

資金の持ち出しの比率も、例えば1割だったところが2～3割と上がってくる銀行も多くなることでしょう。そうなれば買えなくなる人が多くなります。

それが1年後か2年後か3年後か、それともオリンピック後なのかは、誰にもわからないことですが、今はじめていれば、そこまでにキャッシュを貯めることができます。そして値段が下落したときには、キャッシュを使って購入してもいいですし、融資が厳しいときほど、取引実績のある既存客に強みがあります。

そうして高利回りの物件を割安で購入するのが一番良いと思います。そして、また景気が上向いてきたときに売却して、売却益を出していただく・・・そのような流れが理想的です。

5 "積算評価がすべて"は大間違い

今は積算ブームといいますか、「積算評価だけがすべて」と考える投資家さんが多いですが、それは大きな勘違いです。

「積算評価が高ければ属性を毀損しない」は神話です。

大事なのは「見るポイントは、金融機関によって変わってくる」ということです。

A銀行は収益還元評価を重視する、B銀行は積算評価を重視する、C銀行はどちらも見ている・・・。本当に違いがあります。

融資期間を見ている銀行もあれば、残債を見る銀行、属性を重視して年収ばかりを見る銀行もあります。

一口に銀行といってもすべて株式会社ですから、会社ごとにルールが違うのは当たり前です。

例えばタクシー会社であれば、見た目はすべて同じ車種のタクシーに見えても、その会社ごとにルールが違います。

地域によっては初乗りの料金も違うでしょうし、格安タクシーやワンコインタクシーのように安い会社もあれば、中には長距離に特化した定額タクシーというのもあります。

傍から見て同じように走っているタクシーですが、このように違いがあるものです。

金融機関も同じで、同じようなメガバンク、同じような地方銀行、同じような信用金庫でも大きく違ってきます。

同じ金融機関でも支店の担当者で変わってくることもありますし、同じ金融機関でもS銀行のように「数年前は木造に融資したけれど、今は出さない」といった、基準が大きく変わることも日常茶飯事なのです。

そのため、不動産投資の融資においては「○○に違いない」といった決めつけは禁物です。常に最新の情報をキャッチして、状況に合わせて柔軟に対応できるようにすべきです。

現状でいえば、積算評価が高くて、良い立地にあって、利回りの高い物件を探し求めている投資家が多いですが、パーフェクトな物件はありませんし、あっても初心者には買えません。

頭でっかちにならないで、身の丈にあった物件をまず買ってみるのがいいと思います。尻込みしている人が多いですが、物件を買うことによって、得られることはたくさんあります。

次の第3章からは実際に物件を買っていくノウハウをお伝えしましょう。

第3章

リアルに使える情報収集とは

~良い物件の探し方~

皆さんは物件の情報収集をするにあたって『健美家』、『楽待』といった収益不動産専門のサイトを使ったことはありますか？

毎日熱心に検索をしたり、新着情報をチェックする方がいる一方で、「インターネットに掲載されている物件なんて、売れ残りや割高な物件ばかり」といって、眼中にない方もいると思います。

実際のところ、本当にお買い得な物件情報に関していえば、事業規模の大きな投資家や資産家にしか出回らない・・・それは事実です。

だからといってあきらめることはありません。これから一棟目を買うような初心者であっても、良い情報を入手することはできます。第3章ではその具体的な方法についてお伝えします。

1 情報収集の基本は収益不動産専門のポータルサイト

まず基本は収益不動産専門のポータルサイトを定期的にチェックすることです。戸建て賃貸などの実需（マイホーム）と重なる物件を探しているのではない限り、収益不動産専門のサイトを見ていきましょう。

実際のところ、ポータルサイトにお買い得物件が出る可能性は少ないですし、出たとしてもあっという間に売れてしまいます。

ポータルサイトをチェックする意味でいえば、「掲載されている物件を買う」というよりは、「情報を常に見続けることで相場感を養っておく」ということ、それから「物件情報を通じて、信頼できる不動産業者を見つける」ことが目的です。

そのため、常に同じ条件で定点観測することが大事です。長い時間をかける必要はありませんが、できれば毎日見た方がいいと思います。

また、常に定点観測していれば、まれにではありますが良い物件が出たとき、即座に「これだ！」と判断がつきます。

こういった判断は、いきなりできることではありません。トレーニングと同じで常に情報を見続けているからこそ、わかるものです。

また、エリアについては、対象を全国に広げるのはまったく問題ないですが、自分が購入しようと思うエリアをいくつかに絞っておくのは、情報を把握しやすく効率良く探せるのでおすすめです。

もちろん、自分が借りたいと思っている銀行が、そのエリアをフォローしていることが前提となります。

○おすすめのポータルサイト

・健美家　http://www.kenbiya.com/
初心者向けのわかりやすいサイトです。検索条件を入れて物件を探しますが、使い勝手がよいので、まったく初めての人は『健美家』のチェックからはじめるのが良いでしょう。

・楽待　http://www.rakumachi.jp/
物件の掲載数が多いサイトです。条件を登録しておくと新着メールが届きますので、いち早く情報を知ることができます。

・不動産連合体　http://www.rals.co.jp/invest

サイトのつくりがわかりにくく、ゴチャゴチャしています。『不動産連合体』をチェックする投資家は、マニアックな投資家が多いと言われています。逆に掘り出し物の物件があっても見つけにくいため、初心者にもチャンスがあります。

・ホームズ不動産投資

ホームズは不動産全般のサイトですが、『ホームズ不動産投資』では収益不動産情報だけを集めています。また『ホームズ見える！ 賃貸経営』（http://toushi.homes.co.jp/owner/）では、地域の賃貸相場を調べることができます。

2 ポータルサイトにもお宝物件がある！

ここでよく言われていること・・・一般的にはポータルサイトに出ているような物件は、「お得な良い物件ではない」という印象があります。それは事実でもあります。たしかに当社でも、「これは」という物件は表に出す前に、各営業マンが懇意にしている投資家へ声をかけることが多いです。

またメルマガで物件情報も出しているので、めぼしい物件はそこでだいたい売れてしまうという実情があります。

こういった自分の顧客だけに流す情報を、いわゆるクローズの情報、川上情報、未公開情報などといいます。

良い物件情報であればあるほど、すぐに買い手がつきます。

ポータルサイトに掲載されている情報は、売れ残りといえば言いすぎですが、未公開物件に比べると、さほど魅力のない物件が多いのは事実です。

不動産投資に特化した不動産業者であれば、多かれ少なかれ、当社と同じような動きだと思いますが、まれに販売力のない不動産業者が、元付（売主から販売を委託されている業者）で、レインズ（不動産業者だけが見ることができる、情報ネットワーク）に出していることがあります。

なぜかといえば、一口に不動産売買を取り扱う不動産会社であっても、種類があり各社によって得意不得意があるからです。

不動産投資の勉強をはじめたばかりの方は、次のリストを参考にしてください。

◯不動産売買に関わる不動産会社

・元付会社・・・売主に依頼される不動産会社（売り側の会社）

・客付会社・・・買主を探す不動産会社（買い側の会社）

〇不動産投資に強い不動産会社の特徴
・独自の売却情報を持っている
・顧客から売却依頼を受けている
・不動産投資家の顧客を持っている

〇不動産投資に弱い会社の特徴
・実需もしくは商業ビルなど、収益不動産を取り扱っていない
・収益不動産でも売買仲介ではなく賃貸仲介や管理が中心の会社
・総合的に扱っている会社
・営業エリア外の会社

不動産投資に弱い会社とは、管理や賃貸が主で売買専門でなかったり、マイホームを中心に扱っている会社だったりします。

管理を中心に行っている会社へ、地主の顧客から「相続対策のためアパートを処分

したい」といった要望を受けることがあります。

他にも地元密着型の会社なのに、「昔、投資用に買った東京の区分マンションを売りたい」といった遠方の物件の売却を受けることもあります。

その場合は、当社のように不動産投資家の顧客を持たないですし、どう販売していいかわかりません。結局、不動産会社はレインズで告知するしかないのです。

また、値付けが適正でない可能性も多いです。相場を知らなかったり、売主から「すぐに売りたい」という要望を受けて、適当に安い値段をつけていることもあります。

そもそも大体レインズに登録されている、日本全国の一棟アパート・マンションの物件数は毎日500件位更新されています。確率として1棟か2棟位はいい情報があります。そのため当社でもレインズは毎日かかさず見ています。

不動産投資の専門業者は常に売り情報を集めていますから、そういったいわばお買い得な情報をすぐにキャッチします。

レインズを見て「お、これは安いな」と思えば、すぐに「広告を出させてください（ポータルサイトに掲載すること）」とその不動産会社にお願いをします。その結果、割安な物件情報であっても、『楽待』や『健美家』に出ているという訳です。

そのためポータルサイトを見ていると、地方物件を東京の不動産会社が取り扱っているということがあります。

この場合は、元付（売主側の業者）が地方で、客付（買主側の業者）が都内の不動産投資専門の会社となることが多いです。

だからポータルサイトの情報は一概に「売れ残りばかり」「割高な物件ばかり」とは言い切れないのです。

3 未公開情報を得るためには

次に、ポータルサイトなど表に出まわっていない情報、いわゆる未公開情報を手に入れる方法を説明します。

未公開ということとは、一般の投資家が知らない情報ということですが、それは「良い情報なので、表に出さず自社のお得意様に売る」という意味合いもありますし、売主さんの事情による未公開もあります。

その理由としては、地主さんや事業者の場合に多いのですが、売却しようとしていることをまわりに知られたくないケースです。

また未公開の情報だからといって、良い情報とは限りません。不動産会社によっては、レインズに出ている物件（いわゆる表に出ている物件）でも、「未公開情報です！」などといって、顧客に紹介しているケースもあります。

つまり、その会社の独自情報に見えて、そうではない場合もあるのです。

やはり情報を持っている不動産会社というと限られるものです。私自身いろんな業者とつながりがありますが、それを実感しています。

前項でも説明しましたが不動産投資に強い会社は、自社で販売ルートを持っています。不動産投資家の顧客がたくさんいて情報を待っているのです。

一般的に収益不動産を主に扱う不動産会社の情報には次の順位がつけられます。

○良い情報の順位
1位・営業マンから直の連絡
2位・メルマガ
3位・自社サイト

一番簡単に情報を得る方法は、その会社の物件情報メルマガの会員になることですが、それでもまだその会社単位で見ても、大多数の中の一人です。

ただ、メルマガに登録しただけだと弱いので、もっと仲良くなる必要があります。

私は不動産投資家でもありますし、不動産業者でもありますから、両方の視点がわかるのですが、不動産業者から見て「この人に情報を伝えたい」と思うコアなお客さんになることが一番です。

本当に良い情報は、担当の営業マンから直接電話だったり、個人あてのメールでやってきます。要はつながりが強い投資家に情報がいく仕組みになっているのです。本当の非公開はそういう人にしかいかないのです。


どのようにすれば、そういったコアなお客さんになれるのか?

順番は、まずポータルサイトを検索して、物件情報をチェックします。物件情報からその物件を取り扱っている不動産業者名がわかりますから、自分の欲しい物件条件に合う業者をピックアップしていきます。

そして、その業者のメルマガ登録からはじめて、次にその会社の営業マンに会ってみてください。

面談では、どれくらい実績があるか聞いてみてください。良心的な業者さんほど、あまりにも良い数字は出さないものです。

もちろん、たまにはすごい高利回り物件だったり、驚くほど割安な物件というのはありますが、定期的に供給できなければ商品ではありません。

その点は話を盛り過ぎる業者さんの方が怪しいと思います。リアルタイムで出てきている物件の中で、良い物件をいち早く紹介してもらうスタンスです。

もちろん、自分自身についてもしっかり説明します。

第3章の銀行攻略のヒアリング時と同様に、自分の属性や自己資金、買う物件の条件と共に融資についてもどのように考えているかしっかり説明できれば、「本気度が高い客」「信頼できる客」ということが証明できるでしょう。

そうしていくと、最初はネット検索しかできなかった初心者投資家であっても、徐々に業者と信頼関係をつくっていくことができます。そして、より精度の高い情報が入ってくる訳です。

4 付き合ってはいけない不動産業者の見分け方

また、中には悪質な不動産業者もいますので、必ず宅建免許を確認しましょう。

宅地建物取引業を営むには、「国土交通大臣免許」もしくは「都道府県知事免許」が必要です。その免許のことを略して宅建免許をいいます。

宅建免許には「国土交通大臣免許」であれば「国土交通大臣（○）第○○○号」、「都道府県知事免許」であれば「○○県知事（○）第○○○号」と表示されます。（○）の中の数字は更新するたびに増えます。具体的には1996年までは3年に1度の更新、それ以降は5年毎に更新するごとに数字が増えます。

一般的には長く営業している不動産会社は、それだけ経験と実績があるように思えますが、不動産投資についていえば、古ければいいとは言えません。

古いのは免許番号だけで、社員すべてが入れ替わっているケースや、旧態依然とした会社でサラリーマン投資家に対して理解がないケースもあります。

反対に新しい免許番号でも、経験豊富な社員で構成されている会社もあるため、年数はあくまでひとつの目安です。

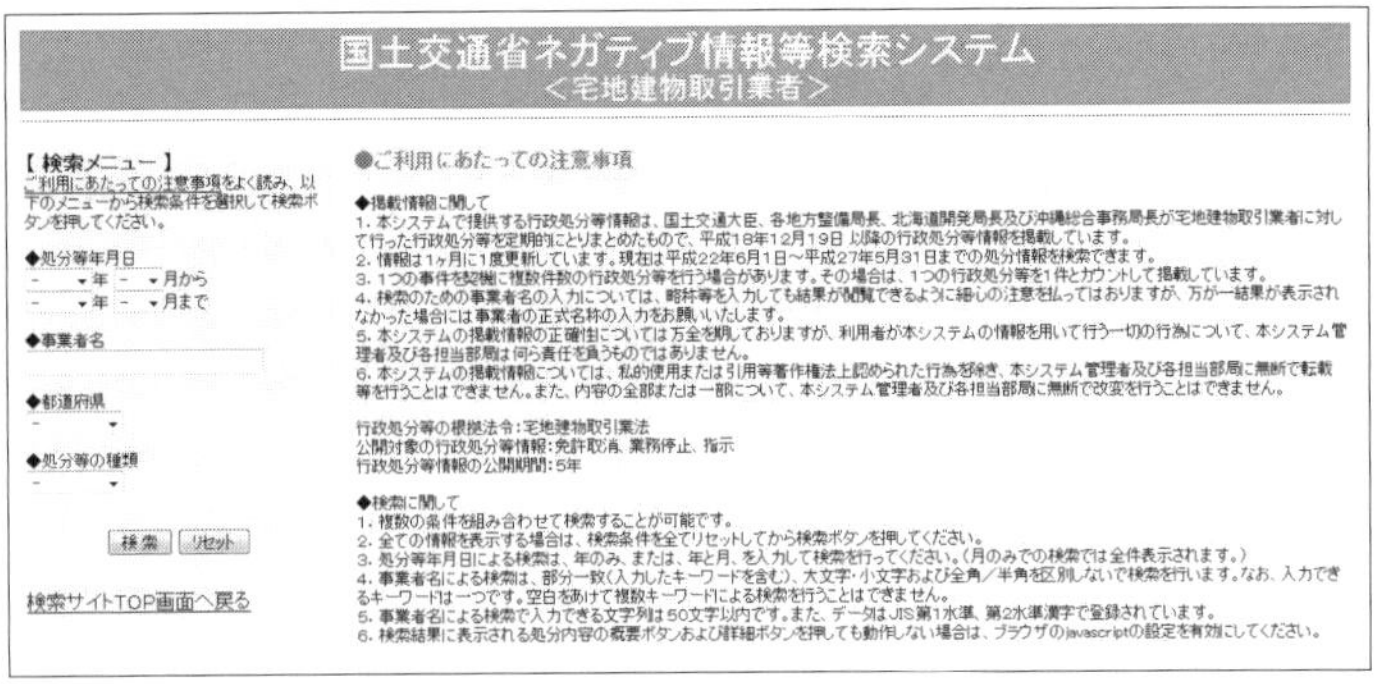

○宅建業者の行政処分情報

・国土交通省「ネガティブ情報等検索システム」
http://www.mlit.go.jp/nega-inf/cgi-bin/searchmenu.cgi?jigyoubunya=takuti

・都道府県（知事）が行った監督処分情報（一部）
http://www.mlit.go.jp/nega-inf/takken/index.html

私がぜひチェックして欲しいポイントは行政処分です。宅建業者は宅地建物取引業法という法律に基づいて業務を行います。もし法令違反があった場合は、国土交通大臣または都道府県知事による行政処分の対象となります。

行政処分には「業務改善のための指示処分」「業務停止処分」「免許取消処分」があります。

免許取消しまでいけば、その業者が存続できないのですが、行政指導や業務停止を受けている会社は結構あるので調べてみましょう。

今は良い物件を購入するのは難しい時期です。良い物件情報は限られた人にしか得られない、もしくは表に出てもあっという間に売れてしまいます。

やはり力のある業者から物件情報がとれることが大事です。

また、一度物件を購入すれば、業者から見て「この人は本当に物件を買うんだ」と信用してもらえます。2棟目3棟目と買い進んでいくことで、より良い物件を紹介してもらうことができます。

買わないでいて「情報だけ欲しい」これはお客さんとして弱いという話です。たとえ今物件を持っていなくても、「必ず買う」という意思表示をする、あとは実際に行動を起こすことが必要になります。

ここまでは情報収集という準備段階ですが、次の章では、実際に行動に移す・・・物件調査について解説します。

[事例8] 瞬時に情報を判断して一棟目から良い物件を購入!

Sさん（仮名）
居住地／東京
年　齢／44歳

年　収／2000万円
職　種／会社員

融 資 額／物件2億円（1億9000万円）、融資条件／30年3％、自己資金／0円
取得物件／RC造マンション　45室
家賃年収・CF／2200万円、融資返済1113万円、ランニングコスト330万円（20％）、手残り757万円

売出し前に物件の銀行評価が終わっており、ある一定以上の個人属性の方であれば融資は問題ないことがわかっていた案件です。

買付証明が10本ほど入りましたが、即行動したSさんにご購入いただきました。

元々高稼働物件だったこともあり、売買後も入居状況は良好で、堅実なキャッシュフローをもたらしてくれています。

第4章

あなたの購入する物件は問題ないか

～目標から逆算する～

第4章では、実際に「これが欲しい」「買いたい」と思う物件が出たとき、どのような行動を起こせばいいのかをお伝えします。

収益不動産は高額で、億を超えることも珍しくありません。できれば、あらゆる角度から調査、検討してじっくり判断したいですが、実際のところ、ゆっくり時間をかけている余裕はありません。

というのも今は「売手市場」で、良い物件に対してたくさんの投資家が「買いたい！」と手をあげている状況だからです。

そのため、物件が見つかってから、投資家に求められるものは「スピード」です。

スピードを重視するためには、具体的にどのように物件調査を行ったらいいのか。

そのタイミングも含めて解説しましょう。

1 需給バランスを調べる・・・ヒアリングに適した不動産会社は？

物件を決めてからの行動は大きくわけて2つです。ひとつは、需給バランス。家賃収入が本当に見込めるかということです。

投資家の皆さんの思い違いに「土地勘」があります。自分が生まれたところや、住んでいるところなどに固執します。

とくに「今まで住んだことがある場所だったら、よく知っているから安心だろう」なんて言う人が多いのですが、そうではありません。投資は数字がすべてです。

もっとも気にすべきことは、賃貸需要が本当にあるのかどうかなのです。

その物件のその部屋が、どれだけの人に求められているかということです。

不動産賃貸業はサービス業です。その物件にどのくらいの人が入居するのか、家賃はいくらなら入居するのか、そのニーズについてしっかり調べましょう。

あとは、まわりのライバル物件はどうなのか。周辺にどれくらいの空室があって、そのライバル物件に勝てるのかどうかが大切です。

そのためまずは、『アットホーム』などで周辺家賃の相場を調査します。具体的には駅から徒歩5分のワンルームだったら、同じ条件のワンルームの検索をかけます。

このようにインターネットでは、募集家賃の相場を調べることができますが、それ以上踏み込んだ情報、実際にいくらで貸して、どれくらい満室の物件があるのかは町の不動産会社が一番知っています。

そこで町の不動産会社に電話して聞くのがいいでしょう。

そのときの不動産会社は管理数が多く、従業員がたくさんいる、地域である程度のパワーがある会社を選んだ方がいいと思っています。

そうなるとヒアリングに適した会社は『エイブル』『アパマン』『ミニミニ』などの大手になることが多いです。

地元の会社で全国的には無名でも地場では一番という会社もあります。その辺はきちんと調べてからヒアリングしましょう。

なお、地元の不動産業者を調べるには「地名　賃貸」の言葉で検索したり、『アット

●業者ヒアリングチェックシート

(1) 購入検討中の物件について	・人気のあるエリアなのか
	・需要のある間取りタイプか
	・入居ターゲットはどんな世帯か
(2) 駐車場について	・各世帯に何台必要か
	・近隣に駐車場はあるか。その値段は？
(3) 周辺環境について	・利便施設、嫌悪施設はあるか
	・問題のある隣人はいるか
(4) 入居条件、広告費について	・家賃、敷金、礼金の相場
	・広告費は何ヶ月が相場
	・フリーレントはつけているか

ホーム』や『スーモ』などの不動産情報サイトで、掲載会社を確認することで、どのような物件を、どの不動産会社が取り扱っているのか判断することができます。

次の事例は、しっかりと需給バランスを調べなかったおかげで、大きなローンを組みながらも、さほど収益が上がっていないケースです。

キャッシュフロー改善のため、当社に相談に来られたお医者様です。

［事例9］物件調査を行わなかったため失敗・・・

Iさん（仮名）
居 住 地／東京都
年 齢／50歳
年 収／2000万円
職 種／医師

物件価格／2億5800万円
融 資 額／2億5790万円
融資条件／4・5％30年
自己資金／0円
取得物件／中古築27年、RCマンション、43室（店舗3、住居40）
家賃年収・CF／家賃年収2450万円、融資返済1700万円、ランニングコスト612万円（25％）、手残り138万円供給過剰なエリアに購入してしまったため、一度も満室になることはなく月によっては持ち出しになっています。

自己資金を少なくして2億円以上の物件を購入しても、年間100万円ちょっとしかキャッシュフローを得ることができません。

しっかり物件調査を行うことで防げる物件選びの失敗例です。

満室になっていても、永久に満室という物件はありません。購入時、満室の物件でも油断せずに必ず調査した方が、失敗する確率を下げられます。

2 知っておきたいヒアリングテクニック

次にヒアリングの仕方です。売主次第ですが、売主から「物件名を出してもいい」と許可を得られたら、物件名で聞くことができます。

これが正しい情報を得やすい方法ですが、売主によっては「物件名を出さないように」と言います。

そういう場合は「○○町で、こういう物件を買おうと思っているのだけど・・・」と物件名を出さずに、なるべく具体的に説明しましょう。

注意したいのは、物件の周辺の空室率が高い中で、その物件だけが満室という特殊なケースもあります。

その場合、なぜ埋まっているのか理由は必ず聞きましょう。

あるケースでは、大学の近くの物件で、周辺は家賃の安い木造の古アパートばかりの中で、唯一のRCマンションでした。

その町で一番立派なマンションで、なおかつ、オートロックがついているということで、これから大学に通う、はじめての一人暮らしをする娘さんにぴったりな物件になるのです。

大学のまわりは若い子が多いせいか、治安があまり良くありません。親からしてみると、娘の一人暮らしは多少家賃が高くてもセキュリティがしっかりしたキレイなマンションに住まわせたいと思うものです。

そのニーズにマッチして、この地域では常に満室ということでした。

つまり、大学移転や新たなライバル物件が出なければ、このマンションは人気を維持できると判断します。

このように「ワンルームで駅徒歩○分だから、家賃○万円埋まる」というような単純な話ではなくて、周辺の物件の事情、それから購入候補の物件そのものがどうなのか、ということを知る必要があるのです。

その他には、募集に対してのコストも確認します。広告費（客付した不動産会社へ対する謝礼金）が何ヶ月なのか。フリーレント（家賃無料の期間を設けること）をつけているのか。

広告費を払う、フリーレントをつけることは、決してマイナスだけではありませんが、地域ごとに違います。

地域の相場や、その物件の入居付をするために、どれだけのコストがかかるのかは、あらかじめ知っておくべきです。

その結果、他の地域に比べてあきらかに広告費がかかるのであれば、需給バランスが崩れた競争の激しいエリアということが判断できます。

フリーレントにしても、何ヶ月もつけなくてはいけないのであれば、これも同じ判断となります。


不動産会社が売主となる物件の中には、半年や1年の満室保証を付けている業者もいます。そうすることで1棟目でも融資がつきやすくしているのです。

これも決してマイナスということはないのですが、コストをたくさんかけて無理に満室にした物件だと、この後の運営が苦しいものとなります。

不動産賃貸業で必ず満室ということはないのですが、需要があるのか、ということは購入前にしっかり調べておかなくてはいけません。

満室で販売されている物件でも、じつは多額の広告料と、フリーレントで無理に客付をしている実態があるかもしれないのです。

逆に空室はいくつか出ているけれど、適正な募集をしていれば、きちんと埋まっていく物件もあります。

そういう訳で満室であっても、空室であっても、その理由をしっかり調べましょう。

物件自体には問題がなく、ただ売主にやる気がなく、きちんと募集をしていないケースも結構あり、空室があるからといってダメな物件と判断するのは早計です。

とはいえ、1棟目に関しては、なるべく空室が少ない物件が良いと思います。そして、その物件がこれからも埋まっていくか、需給バランスをしっかり確認します。

2棟目3棟目であれば、自分で原因を探って行ったうえで、物件の価値を高めたり、募集のやり方を工夫して運営することもできます。

3 建物の修繕履歴を調べる・・・建物は築年数からは判断できない

もう一つは修繕です。新築であったり、大規模修繕されたばかりであれば、当分は大きな修繕費用がかかりません。そういう物件は初心者に取り組みやすくおすすめです。ありがちな失敗でいえば、割安で物件購入できて喜んでいたところ、購入してすぐに1000万円の大規模修繕費用がかかってしまったケースです。

修繕費がかさめば収支計算がまったく違ったものになります。下手すればキャッシュアウトをおこして、いきなり経営のピンチに立たされます。

修繕がどれくらいされているかは売主によるところが大きく、同じ築年数でも管理状態によって変わってきます。

築古でもよく手入れされて問題のない物件もあれば、築10年でもボロボロでたくさんの修繕が必要な物件もあります。

そのためにも新築を除き「○年ならＯＫ」と簡単には言えません。そこで重要になるのは修繕履歴です。

修繕履歴とは、その名の通り、どのように修繕を行ってきたのかという履歴ですので、そこで必要なメンテナンス工事を行ってきたのかを判断します。

とくに直近で何の工事をしたのかをチェックしてください。


中には修繕はまったくしていないかわりに、割安に買える物件もあります。事前にどれだけのコストと期間がかかるのか調べたうえで、それを織り込んで購入するのであれば「アリ」です。

ただ、建築については素人が現場に行ってすぐ判断できるものではありません。必ずリフォーム業者、工務店などプロに同行してもらいます。

それから、修繕費用がかかるということは、それだけ取得費用が増えるということです。

現金に余裕があればいいですが、自己資金が足りなければリフォームローンを引くなど、その資金をどうするかまでもしっかり考える必要があります。

こういったときに利用できるのが日本政策金融公庫（P96）です。数百万円から無担保で借りることができます。

高属性の方であれば、地銀などで物件の売買費用とは別にリフォームローンをセットで出してくれる場合もあります。

その辺の手配も考えて仲介業者にも話します。

こういった物件再生の投資手法を得意とする投資家もいますが、基本的には1棟目から行うのは難しいです。

4 不動産会社が「売主」の物件なら安心か？

ちょっとした修繕ならいいですが、建物の基礎や躯体などに重大な欠陥があれば、瑕疵担保責任といって売主に修繕する義務があります。

個人の場合、瑕疵担保は3ヶ月付ける場合が普通で、中には瑕疵担保免責（売主は一切責任を取らない）という物件もありますが、売主が不動産会社であれば、瑕疵担保が2年間ついています。

中間省略を行う不動産会社は、割高な物件を販売しているように見えますが、すべてが悪いかというとそうでもなくて、瑕疵担保がついているところに関しては安心です。

中間省略とは新中間省略登記を指し、業者による直接移転売買のことをいいます。

この場合は、投資家はすでに商品化された物件を購入することができますが、不動産会社は仕入や外壁や屋上防水などの大規模修繕、場合によっては満室保証もつけたうえに、瑕疵担保もありますから、それ以上に利益を乗せなくてはいけません。

その結果、投資家からいうと手間がかからない分だけ、割高な物件を購入している訳です。

どれくらい割高かといえば、業者にもよりますが、同じような中間省略を行う会社でも、自社の利益を大きく乗せているところは、利回り8～9％、良心的な会社は利回り10％超えて売っているため、やはり不動産会社選びは大事だと思います。

以前、聞いて「これはひどい」と思ったケースは、埼玉北部にある利回り7・7％の物件を金利4・5％のオーバーローンで別の地方（遠方）の公務員の方が購入していました。

相談の電話があり、詳しく聞いたところ、今、30室中、10室が空室で毎月40万～50万円赤字が出ているそうです。

「このままいくと今年いっぱいで破産します」と、仕事が手につかなくて困っているとのこと。これは大変な事態です。

私自身が投資家だったこともあり、ちょっと信じられない事例なのですが、何も勉強せずにすべてを丸投げてしまったために起こった悲劇です。

この投資家さんだけでなく、他にも何人か同じような事例を知っています。

不動産投資を理解せず買う人、その中でも属性がいい人というのは、いわばカモです。騙される可能性があります。

そういう意味でも、勉強をしっかりしてから取り組んだ方が良いのです。

物件調査とは少し話がずれますが、どこから買うかというところは肝心です。

業者が売主であっても、不当に利益を取らない業者であればいいと思います。イールドギャップ（利回りー金利の差。最低６％は欲しい）がきちんと確保できて、要はキャッシュフローが出ていれば問題はありません。

多少利回りは低くなっても、不動産会社が売主の物件を買うか、それとも自分でリスクをとって利回りはあがるけれども、瑕疵担保がついていない物件を買うのか。

そこはやはり投資家によって、考え方が変わる部分です。

どっちがいいということではありません。利回りの部分と安定経営、融資につながる部分を秤にかけて、判断することになります。

5 現地調査のタイミングは買付後、契約前

今はインターネットにあらゆる情報が出ていますし、肝心な需給バランスについても電話でヒアリングすることができます。

つまり、ほとんどのことは現地に出かけなくても行えるため、サラリーマン投資家にとって非常にありがたい点です。

電話ヒアリングでは、物件についてだけでなく、行政の施設や病院といった地図に載っているような利便施設ではなくて、ヤクザの事務所とか、火葬場とか、マイナス要因になりそうな場所を聞き出します。

こういった机上調査において、欠かせないものにGoogleマップがあげられます。住所を打ち込むだけで、物件周辺の環境がすべてわかります。

このGoogleマップのおかげで現地に出向くのは、最終的な判断を行うタイミングで良くなりました。

かつては、物件情報が出たら現地調査を行い、その後に買付を出すという流れがあ

りましたが、今は完全に逆転しています。

今、投資家に求められているのはスピードです。

物件の場所が物理的に近所であればいいですが、現地に行ってからの判断をしていては間に合いません。

ですから物件を見つけてすぐ行うのは現地調査ではなくて、先ほど説明した管理会社や客付の仲介会社へのヒアリング、需給バランスのチェック、修繕履歴などで、現地についてはGoogleマップで調べるといった机上の調査、電話調査です。

そして、「これは買ってもいい!」という判断をなるべく早く行い、買付証明（購入の意思表明する書面）を入れます。

買付証明については次の第5章で詳しく説明します。

6 現地調査でのチェックポイント

なおスピードを重視しているからといって、現地調査をないがしろにしている訳ではありません。

基本的には机上でリサーチしたことを現地で確認する作業です。

一からの調査に比べれば時間はかかりませんが、中には、騒音や異臭など、行ってみなければわからないこともあります。

また業者に電話で行ったヒアリングを、現地で再ヒアリングすることも大事です。

こうして現地へ出向いて調査を行った結果、「購入しない方がいい」という結論になることもあります。

買付証明書には法的拘束力がありませんから、最悪取り下げることができます。

しかし、契約に進めば法的拘束力が生まれますので、契約に進む前までにしっかり調査して判断する必要があります。

第5章

その物件価格は適正なのか

～指値の常識とテクニック～

巷にはいろいろな不動産投資の書籍が溢れています。そういった本には著名投資家が「指値して物件を安く買った」というような武勇伝が書かれていることが多く、初心者の中には物件を購入するにあたって「指値はできるもの」と思い込んでいる人も多くいます。

たしかに価格交渉をして、物件を安く購入するのも大事な視点でありますし、私自身も投資家時代はそのように物件を購入していました。

しかし無理な価格交渉ばかりして、物件がまったく買えない・・・となっては、もともこもありません。早く不動産投資をスタートさせて、規模拡大を行いたいと思うのであれば、適切な価格で物件を購入する必要があります。

第5章では買付のタイミングから、どのように購入判断するのか、それから価格交渉するにあたっての大前提の考え方をお伝えします。

1 買うために必要なのは素早い決断力

第3章でも説明しましたが、売り手と買い手のパワーバランスでいえば、完全に売り手の方が上です。現状でいえば、不動産会社もお客さんを選んでいる状態です。この人に良い情報をまわそう。この人に物件を買ってもらおう・・・初心者がそう思ってもらうために、まず1棟購入するというのは、ひとつの選択肢だと思います。

最初の1棟に対していえば、勇気が出なくてなかなか踏み出せない人も多くいます。買付判断もすぐしなくては進めない中、じっくり選んで吟味していたら買うことはできません。

不動産投資は、買ってみなくてはわからないことも多くあり、そこが投資としてのリスクです。そのリスクをどこまで許容できるかを自分で判断する必要があります。

物件購入にあたって勉強は必要で、ある程度、知識がなければ騙されてしまうこともありますし、間違った判断をしてしまうこともあります。

しかし「○○でなければならない」と思い込んでしまったり、「購入する前にすべてを知りたい」という方の購入は難しいと思います。

1棟買えば、営業マンからの信頼もあつくなりますし、「本気で買いたいお客さんだ」と認識されます。そして、2棟目、3棟目が買いやすくなります。

まずは1棟目へ購入するために、素早く決断しましょう。


繰り返しになりますが不動産会社は、良いお客さんにだけ、良い情報を出します。買える力があって、すぐ決断してくれるお客さんが、営業マンにとって「良いお客さん」なのです。

その決断が買付証明書です。買付証明書は「私はこの物件を○○円で購入します」という意思表示です。

とはいえ買付証明書そのものに法的な拘束力はありません。

途中で取り下げることはできますが、それを繰り返すと不動産会社からの信用を無くします。

きちんとした理由・・・例えば、家賃照会したところ、相場家賃に比べて1万円も高く貸していることがわかり、「なぜ高く貸しているのか、理由がわからない限り買えません」となったケースを紹介します。

たしかに一部屋につき1万円も違えば大きな問題です。

「水戸大家作　買い付け証明書ひな形」

不動産購入申込書

平成　　年　　月　　日

仲介業者名＿＿＿＿＿＿＿＿＿＿

下記の不動産に関して、以下の条件にて購入の申し込みを
致したく本書を提出致します。

1．購入希望額　　金＿＿＿＿＿＿＿＿＿＿円也

2．手付金　　金＿＿＿＿＿＿＿＿＿＿円也

3．銀行融資の有無　　有・無
借入予定金融機関＿＿＿＿＿＿＿＿＿＿

4．購入条件　　＿＿＿＿＿＿＿＿＿＿

5．契約希望日　　平成　　年　　月　　日

不　動　産　の　表　示

所　　在：

地　　目：　　　　種　　類：

地　　積：　　m^2（　　坪）　　延床面積：　　m^2（　　坪）

築　　年：　　年　　月

住所＿＿＿＿＿＿＿＿＿＿

氏名＿＿＿＿＿＿＿＿＿＿㊞　年齢＿＿＿歳

勤務先＿＿＿＿＿＿＿＿＿＿

私が投資家時代、実際使っていた買い付け証明書です。
以下のページにて無料配布しております。

http://mnsm.jp/ka.html

又は「水戸大家　買い付け証明書」で検索！

☆PDF版とワード版（ver.2010）をご用意しております。ワード版は直接入力出来ますので、便利かと思います。

☆なお、この「買い付け証明書」を参考にして損害が生じた場合も一切責任を負えません。不動産売買は自己責任にておこなってください。

このケースでは売主からの返答が「家具家電付のため相場より高く貸しています」ということでした。

そして家賃をキープするために家具家電を買い直す必要があり、購入するためのコストを計算した結果、収支が合わないため購入を止めることになりました。これなら業者としても納得できる理由です。

とにかく買付を出すということは、「この物件を買いたい」という意思表示ですから、むやみに出すのではなくて、きちんと買いたいと思う物件に対して買付を出してください。

2 良い物件には満額で買付が殺到する!

買付時における価格交渉、購入金額を詰めていくのは、現地への物件調査の前の段階です。

第4章でも書きましたが、机上の調査を行って判断、買付証明を出して、その後に物件調査という流れになるため、調査と並行して買付を出すというイメージでしょうか。

そこまで急ぐ理由は、くり返しになりますが、スピードを重視しなくては買えない市況だからです。

脅かすようで申し訳ないのですが、今、本当にいい物件は飛ぶように売れていきます。当社で取り扱っている物件もそうですし、当社では扱わないような戸建てや、小さめの木造アパートでも、割安なものは瞬殺で売れていきます。

そのため、投資家自身が「買える基準」をしっかり把握していなければ、手をあげることもできないのです。

つい焦る投資家もいますが、当社の場合は「買ってください」とは一切言いません。判断はあくまで投資家におまかせします。「悩んでいるようだったら、今回は見送った方が良いですよ」という姿勢です。

その代り「これだ！」と思ったときは、とにかくすみやかに買付まで行うことです。満額（売り出し価格）で5人も10人も買付を入れてきますから、そこには価格交渉の余地はありません。

とはいえ、すべての物件に買付が殺到するわけでもありません。

物件情報は玉石混合で、「これは！」という物件にも種類があります。

物件の見方はいろいろあり、積算はなくても高収益な物件や、とにかく割安な物件、利回りはさほどなくても収益が安定していて手間がかからない物件、立地がすごく良い物件など、一口に「いい物件」といっても様々です。

逆に「いまいちな物件」にも種類があります。

建物の状態が良く、入居率も高いけれど、とにかく値段が高い物件。立地は良いけれどボロボロで修繕費などのコストがかかりそうな物件。これらは価格が下がれば「いい物件」になりますし、ボロ物件でも修繕費を織り込んで数字があえば、また修繕費まで融資を引くことができれば、買える物件になります。

そういった、そのままではいつまで経っても売れない物件については、価格交渉の余地があります。

次の項目では、そういった物件を「指値」する方法について具体的に説明します。

3 どんな物件なら指値をしてもいいのか

価格交渉・・・自分の買いたい値段を売主に示すことを「指値」といいます。言ってみれば、物件価格を自分の希望まで値切りすることです。

指値できる物件は、ポータルサイトで何ヶ月も見かけるような売れ残り物件です。

いつみても掲載されている物件を「さらし物件」といいますが、常にポータルサイトに出ている物件、不動産会社からの物件情報メルマガで何度も何度も来ているような物件は、いまいちな物件であることが多いです。

その中で物件自体は良いもので「もうちょっと安かったら買うのに・・・」ということであれば、価格交渉してもいいと思います。

しかし、いきなり価格交渉するのではなく、まず、なぜ長く値段を下げずにいるのかということをリサーチします。

というのも値付けは売主の事情にもよるところがあります。

よくあるのは「もっと下げたいんだけど、借り入れが多すぎて下げられない」というケースです。その場合、交渉はうまくいかないことがあります。

中には売主さんに本気で売る気がなくて、高い値段で出しておいて「売れたらラッキー」と考えている人もいます。

このように残債が理由であったり、本気で売る気のない売主に指値は厳しいでしょう。

逆に売主事情の中でもっとも交渉しやすいのが地主の相続です。

よくわからず高値で出したけれど、なかなか売れないので弱気になっていたところに、価格交渉が入れば、喜んで値引きする売主もいます。

その他、第4章物件調査で解説した、建物の管理状態が悪くてボロボロ・・・つまり、お金のかかりそうな物件を、修繕費を見越して収支が合うよう計算して、値段交渉を行うケースもあります。

次の事例は、空室率も高いことから初心者向きではありませんが、「修繕費がかかる」「入居率が少ない」という他の投資家から見てマイナス要因が2つもあったため、長く売れ残り大幅指値に成功しました。

[事例10] 大幅に指値交渉できた好例!

Fさん（仮名）
居住地／千葉県
年齢／39歳
年収／700万円
職種／会社員

融資額／3420万円、融資条件／2・5％20年、自己資金／0円
物件価格／5000万円→3800万円
取得物件／築25年、木造アパート、18室
家賃年収・CF／550万円、融資返済241万円、ランニングコスト90万円（15％）、
手残り219万円

満室想定での利回りは11％なのですが、実際の稼動状況は半分しか入居していませんでした。また修繕工事をほとんどしていなかったらしく、外観もかなり痛んでいました。売主は法人で、決算の関係があり早期売却を予定していたので、大幅指値に応じてくれました。買主のFさんは、物件を取得してから大規模修繕を行い、約3ヶ月で満室にしました。

4 指値で成功するための絶対条件

指値をしていいパターンと言うのは、やはり売り手と買い手のパワーバランスで、買い手の方のパワーバランスが強かったら、指値ができます。

例えば、売れ残っている物件を「現金買いします」というのは強いです。

ダメな例でいうと、融資がつくかわからないのに指値する人もいます。

1億円の物件を8000万円で買いたいと指値して、融資特約をつけて8000万円と言います。

融資が通ったら買いますということですが、売主からすれば「8000円の融資は本当に通るの？　本当に買えるの？」と思うのは当然でしょう。

8000万円にして必ず買ってくれるならともかく、買えるかわからないのに値下げするのは厳しい話です。

これが「融資8000万円が必ず出る」という裏付けがあれば、また変わります。そうなると、指値していい人というのは、やはり資金面の裏づけがはっきりしてる人ということになります。

ある不動産投資家が、著作で「現金で3日以内に決済する」と書いていますが、それは正解だと思います。3日以内に決済するからこそ、「鬼指」ができる訳です。それが本来の指値ですが、「指値」という言葉だけが一人歩きしているところがあります。

なお、不動産業者は安く土地や物件を購入することができますが、指値できるのは、やはり現金決済だからです。

一般的に業者の取引では融資特約はつけません。だから安く物件を仕入れることができるのです。つまり「買えるかどうかわからないのに安くしろ」というのはナンセンスということです。

不動産業者からの意見でいえば、指値したうえで融資特約をつけて、その融資が承認されなかったとしたら、売主さんに顔を合わせられません。

売買仲介というのは、橋渡し役です。理由なく一方だけが損することは提案できないのです。この場合の売主さんは、物件が売れなかったにもかかわらず価格も下がってしまった。「もう、おたくの会社に任せたくない」と言われても仕方ありません。

逆にいうと、資金源の裏づけがなくて指値してくる人というのは、お客さんでなくて「冷やかし」という存在になってしまいます。

一生懸命真剣にやっても、不動産業者からは冷やかしにしか見られない。これは不動産投資家としては致命的です。

気が付かないうちにそういうことをしている方は多いです。「指値はするもの」と勘違いしている初心者の方もよくいるので、注意させていただきました。

第6章

スムーズに物件を購入するための知識とは

～契約・決済の基本と注意点～

購入する物件を決めた後は、流れ作業に似たところもあります。というのも、不動産売買は宅建業法という法令に基づいて行われるため、どんな物件であっても、ほぼ同じような手続きを行っていくからです。

融資を使う、使わないによって変わってきますが、それ以外では、小さな木造の戸建てでも、30世帯のRCマンションでも、購入するまでの課程に差はありません。

必要な書類についても、人によって違うということはなく、規定の書類を提出することになります。

第6章では融資申込み、契約から決済といった、実際に購入するところについて詳しく説明します。

契約から決済までの基本を知ろう

購入を決意してからの流れを説明します。融資を受けて物件購入する場合は、すべて共通の手続きとなり、木造・鉄骨・ＲＣなど物件の構造やその規模によって変わることはありません。

なお、融資を受けない場合は、売買契約と決済だけになり、売買契約を経て決済を行うことをもあれば、契約と決済を同時に行うケースもあります。

契約から決済までの流れ

1 銀行申し込み
↓
2 事前承認(ない場合もある)
↓
3 売買契約
↓
4 融資承諾
↓
5 金消契約
↓
6 決済

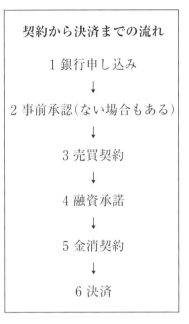

1 銀行申込み ～すべてを仲介業者にまかせることができる～

初心者の方は、まず売買契約を行ってから、銀行融資へ進むイメージがあるかもしれませんが、お金を借りて行う不動産投資である限り、基本となるのは融資です。「この物件を買いたい！」と決意したときに、まず行うのは融資の申し込みです。

そして銀行融資をセッティングするのが仲介業者の仕事です。

銀行選びについては、属性や自己資金・物件によって決まってくるものですが、選択肢をつくれるようであれば、買主さんの希望を聞いて申込みを行います。

まず銀行申込みですることは書類提出です。用意するものは次の通りです。

〇銀行審査に必要なもの

・サラリーマンは源泉徴収票、事業者は確定申告書をそれぞれ三期分

・身分証明書（免許証・保険証など）

・プロフィール（銀行所定の書式もしくは、自身で作成する）

・自宅を所有していれば、自宅の登記簿謄本
・住宅ローン返済の明細
・所有する賃貸物件の登記簿謄本
・受けている融資の明細
・自己資金の証明（通帳のコピーなど）

個人の資料については自分で集めますが、物件に関わる書類は仲介の不動産業者が手配します。

プロフィールには保有資産欄があります。そこに記載した資産の証明をするためには通帳のコピーなど証拠が必要です。

なお自己資金、保有資産には、配偶者の預金を含めることができます。例えば、お父さんが連帯保証人に入るケースであれば、親御さんの資産も含まれます。

資産も土地や現金だけでなく有価証券も含むことができます。

最近は通帳のないネット銀行やネット証券会社もありますので、その場合はパソコンのステート画面をプリントしたものを持参します。

また保険については、養老保険といった換金性が低いものであっても資産として申

告しましょう。保有資産は多ければ多いほど、銀行からの評価は高くなります。

申し込みでの注意は、転職1年未満の方は融資が通りにくいということがあげられます。

源泉徴収票がないため、銀行から見て「判断にしにくい人」と見られてしまうからです。その場合は、毎月の給与明細を、すべて出して、手元にある数ヶ月分の平均値を12でかけて、「見込み年収」という形にして、審査を行う銀行もあります。

また、面談で「すでに住宅ローンを組んでいるのですが大丈夫でしょうか」という質問もよくいただきます。これはマイホームに限らず、残債は少ない方がよく見られます。

所有物件の担保価値や残債の金額、支払い年数なども関わる部分のため、個別にご相談いただければと思います。

その他の注意は、銀行融資をまったく知らない、何も動かない不動産業者もいるため、初心者であればなるべく融資に強い業者を選ぶことです。

銀行の取引先も、業者によって大きく違い、一行二行で行っているところもあれば、当社のように何十行とお付き合いしている業者もいます。

銀行によって支店ごとに融資姿勢が変わってくる部分も多いため、融資に積極的な銀行の中でも、さらに積極的な支店の優秀な銀行担当者を知っている業者から、物件を購入するというのも大事な判断だと思います。

実際、「A支店ではOKだが、B支店ではダメだった」というケースも結構あります。

2 事前承認 ～金融機関の内諾が出てから次へ進む～

以前は、融資の申し込みをしてから、事前承認が出る前に売買契約を行うケースもありましたが、今は売買契約に進む前に、金融機関からの事前承認を取るケースが増えています。

というのも、売り側が、事前に承認が下りてないと契約をしたがらないからです。

買い側からすると融資承諾が取れなかったときは、ローン条項（ローン審査に通らなかったときには契約を白紙するとりきめ）がありますから、どちらでも選べる訳ですが、売り側からすれば、契約後は他に紹介することはできません。

それなのに、融資の承認が降りなくて、話がとん挫してしまえば、また売り出すところからやり直しです。だったら、契約前に融資の事前承認が降りている「おそらく買えるだろう」という人と売買契約を行いたいという訳です。

第5章では買付証明について説明しましたが、購入できる優先順位は買付証明を出した順番で権利が与えられます。つまり基本は早いもの順ですが、実際には融資の内諾を早く得られた順であったりもします。

逆を言えば、1番手だからといって、必ず購入できる訳ではないのです。

例えば、約1ヶ月かかるような銀行で審査している人が1番手であれば、2番手はスルガ銀行のように1週間以内で判断する銀行を使うことで、2番手に有利に働くケースが多いです。

なお事前承認が出た際は、銀行から不動産業者へ電話連絡があり、その業者からお客さんである投資家へ電話で伝えられます。

ここでとくにすることはなく、事前承認を得られたら次の契約へ進みます。

3 売買契約
～契約書と重要事項の説明書は事前に確認する～

売買契約書の内容は、物件価格・引渡し日など、基本的なものになりますが、それを違反したらどうなるのかについて詳しく書かれています。

手付放棄の期限というものがあり、手付金が戻ってこないという程度で済めば良いのですが、手付け放棄の期限が過ぎ、違約まで行ってしまうと大変です。

手付放棄の期限と、違約はいつからなのか、違約になった場合いくら違約金を支払うかについては前もって把握しておきましょう。

違約については買主だけでなく売主も該当します。売主からも「もっと高く売れそうだからやめる」となった場合は、買主が売主から違約金を払ってもらいます。

売買契約書とセットになっているのが、重要事項の説明書です。

事前にしっかり読んで、疑問点なり質問があれば、契約までにお話することもできますし、契約日に説明を受けることもできます。

具体的な記載内容でいえば、土地建物の面積、構造、築年数という風な、物件概要がまずあります。

それから法的にどういう地域に建っているかということも記載されます。

建ぺい率や容積率など物件を建て替えるときの法的な規制についても書かれており、場合によっては「今と同じ大きさには建てられません」ということもあります。

あとは道路計画で前面道路が拡幅する予定など、都市計画が記載されています。

告知事項といって、「過去にこの建物の何○何号室で火事がありました」、「自殺がありました」といった事故情報もあります。

借入についても、「○○銀行で△△万円を金利は何%で、何年借りる予定」ということが書いてあります。

つまり、この物件の売買取引に関係する事柄がずらっと並んでいる訳です。

なお、売買契約時にローン条項（融資審査が通らなかったときは、契約を白紙にするという取り決め）を必ずつけます。期間は2週間か3週間程度です。

建物に欠陥があったときに売主が責任を負う、瑕疵担保責任については契約書にも重要事項説明書にも両方記載されています。

瑕疵担保責任は、売り主が個人の場合は3ヶ月が一般的な目安ですが、免責になることもあります。

免責についていえば、買う意味がなくなるぐらいのひどい問題があれば解除できますが、基本的には免責であれば解除は難しいです。

瑕疵担保責任は、売り主が業者の場合は2年です。瑕疵というのは簡単にいうと、建物の構造の基礎や柱などに不具合があることです。

注意する点といえば、今は、契約時に人をだますような不動産業者というのは、まずいないとは思いますが、金額が正しく記載されているか、融資条件が自分の条件に合っているものになっているか、それから瑕疵について確認します。

また、調査ミスや調査の漏れがあったりする可能性はあります。

銀行が隣地の謄本を確認したところ、地元では有名なその筋の人で、融資の断りが来た話を聞いたことがあります。

これは買い側にとって「だったら買わなかった」となりえる重要な話です。

これまで、あまり売買仲介をやったことない業者や、はじめたばかりの業者などにおこりがちです。

中には売買経験は豊富でも、マイホームが中心で収益不動産の経験が少ないという業者もいます。

また売主と買主で調整を行っていく際には、いろいろなトラブルがおこるものです。実需不動産と収益不動産では、起こりうる問題も変わってくるため、収益不動産に強い業者の方が良いと思います。

4 融資承認 ～いよいよ購入の最終ステージへ～

次に融資の承認です。おおよそ契約して2週間から3週間で結果がでます。

事前承認を受けているケース、受けていないケースがありますが、事前承認を受けている方が、スピードは早いです。

融資の承認については、多くの銀行では書類で出されます。これは不動産業者宛てに送られます。この承認を受けて、「必ず購入できる」ということになります。

5 金消契約　～銀行との融資の契約を行う～

金消契約とは、金銭消費貸借契約の略で、銀行からお金を借りるための契約です。金消契約が行われる日時は、事前承認が降りてすぐ決定します。金融機関の営業日、つまり平日の昼間に行われます。

買主と金融機関の担当、それから仲介業者も同席することが多いです。

◯金消契約で必要なもの
・身分証（免許証・保険証）
・実印
・印鑑証明書
・通帳
・印紙代（物件価格によって値段が変ります）

今まで取引のない銀行であれば口座を開設します。

金消契約時に注意することは、その銀行が提示した条件をきちんと把握することです。銀行と契約というと、緊張するかもしれませんが、基本的には話を聞いて理解して、署名捺印を行う場です。

6 決済 ～物件代金の支払い～

決済は、銀行から借りたお金を売主に支払う日です。

決済に参加するのは、売主・買主・仲介業者・司法書士がいるのがスタンダードです。場所は銀行で行いますが、銀行員が不動産会社の事務所に出向いたり、買主の自宅に出向くケースもたまにあります。

一般的には金消契約から決済までは1週間から10日以内が目安です。銀行から買主の口座に入金され、それからすぐに売主へ入金します。

○決済日に必要なもの
・実印
・通帳

・身分証明書
・諸費用（口座に入れておく）

○諸費用の詳細
・仲介手数料
・登記費用
・火災保険
・銀行の手数料（手数料はあらかじめ、融資額から引かれる）

不動産を登記するのは、当日15時までと決まっています。それが間に合うように午前中に行います。銀行金利は月ごとに変わるため、金消契約日と決済日が月をまたがることはありません。

また中古物件であれば、契約、融資承認、金消契約、決済はセットになっていますが、新築でまだ更地の物件で契約した場合、融資の承認は出ても、物件完成が半年後ということであれば、金消契約も半年後になります。

第7章

あなたの物件管理を誰に任せるのか

～管理会社の見極め方～

いよいよ、物件が自分のものになりました。そこで考えるのは物件をいかに上手に運営していくか・・・つまり「管理運営」です。

これまでの目的は「いかに良い物件を購入するか」でしたが、「経営する」にシフトチェンジします。

管理には投資家自ら行う「自主管理」と、管理会社に委託する「管理委託」がありますが、サラリーマン投資家であれば管理会社に管理をまかせるのが一般的です。

管理会社は、集金業務から入居募集、クレーム対応、修繕の手配といった物件運営に関わる根幹の部分を担当します。

ここがしっかり行われなければ、家賃滞納が起こったり、騒音問題が起こったりと経営そのものがうまくできません。

そこで第7章では、どのように管理会社を選び、付き合っていくのかについてお伝えします。

1 管理には「自主」と「委託」がある

物件管理には、「管理委託」の他に「自主管理」をするという選択肢もあります。

小規模にはじめたということであれば、自身で管理するのも一つの方法ですが、サラリーマンをしながら管理を行うのは、10室以下の規模までが適当だと思います。

ごくまれに、サラリーマンやお医者さんで１００室近くの規模でも自主管理を行っている投資家もいますが、それはレアケースです。

私も自主管理を行っていたことがありましたが、30室、40室と戸数が増えていけば、難しいのが現実です。

また、私の経験からいうと、不動産投資を「事業」として考えるのであれば、自主管理は止めた方がいいと思います。

大切なのは、自分自身が、何を目的にしているのかということです。

管理業務にしても、一次対応から集金業務までまかせられた方が効率的ですし、その分だけ新しい物件を購入する、金利交渉をするなど、自分にしかできない業務を行った方が良いと思います。

2 管理会社の仕事とは

賃貸物件の管理業務を請けおう不動産会社を、管理会社といいます。管理会社の業務は次の通りです。

○管理会社の業務
・管理業務
・入居募集

入居者からのクレーム対応、日常的な建物のメンテナンスから退去立会い・清算や契約更新などの業務を行うのが、管理業務です。

管理料が報酬として発生します。報酬は家賃の5％前後が目安です。

空室の入居者募集・斡旋を行い、賃貸借契約をまとめる仕事が「媒介・仲介業務」です。ここでの不動産会社の報酬は媒介・仲介手数料です。

不動産会社によって、入居付に強い会社、管理業務に強い会社があり、大きな会社であれば、賃貸部門、管理部門、リフォーム部門などにわかれていることもあります。会社によっては管理業務のみに特化して、入居募集はすべて他社に依頼するケースもあります。

どこが良い、悪いということもなく、物件タイプや所有規模、地域、投資家が管理会社に求めることによって、マッチする管理会社は変わります。

管理会社については、購入後に、これまでの管理会社にお願いするのか、それとも別の会社に変えるのか、が最初の選択です。

そのためには、購入した物件についてしっかり把握することです。「満室かどうか」はひとつの目安です。満室で経営しているのであれば、まずは問題ありません。

これが長い間、空室があるようであれば、入居募集という点については、基準が満たされていないと考えます。

それ以外にも家賃滞納であったり、騒音クレームなど、賃貸経営にあたってどんな問題を抱えているのか。それに対応できているのかということで、その管理会社の力量をチェックすることができます。

その結果、満室で家賃滞納なくできているのであれば、管理会社を変えなくていいと思います。

3 管理会社を変えたくなったら

管理会社を、頻繁に変えるのはよくないですが、「ちょっとこれはおかしいのでは・・・?」ということが、いくつか続いたら思い切って変えましょう。

空室がいくつかあり、騒音やゴミ捨てのマナーといったクレームが出ているけれど解決の兆しがない。家賃滞納があるなど、現状の管理ではマイナス点が多いようであれば、早めに見切りをつけることです。

そうしなければ、被害が広がってしまいます。おおよそ会社の良しあしは大体3ヶ月でわかります。

電話して問い合わせて、1週間、2週間たっても返答がない・・・そんな対応であれば止めた方がいいと思います。

実際、オーナーにきちんと連絡する、説明するといった普通のことができていない会社がたくさんあります。おそらく社員教育もできていない会社です。

不動産会社にはたくさんの種類があり、管理会社にも得意不得意があります。

管理会社の中にも、週末が休みで電話連絡すらまともにできない会社もあれば、コールセンターと契約して24時間対応ができる会社もあります。

入居付についても地場の老舗で「顧客ルートを持っているのがウリ」という会社もあれば、大手のフランチャイズで、「地域での知名度が抜群」という会社もあります。

自社で募集をせずに、地場の仲介会社と強いパイプを持つ会社もありますから、必ずしも地元の会社ではいけないということもありません。

どれがいい悪いということではなくて、本当にいろいろなタイプの会社があり、そして、中には悪質な会社もあるので、まずは悪質な会社を避けること、それ以外は管理業務や入居募集のやり方を聞いて、納得できる会社を選ぶといいと思います。

どうしても、管理がしっかりできる会社、客付がしっかりできる会社と、会社の得意な部分は変わります。両立できる管理会社はなかなかありません。

今、管理部門と客付部門がわかれている会社が増えていますが、はっきりわけたうえで、専門の人がきちんと担当している会社がいいと思います。

例えば、入居募集でポータルサイトに物件情報を登録するというのは、新人で誰でもできる作業内容ではありますが、きちんとお客さんにアピールするためにはコツがあります。

そういったところを把握していなければ、いくらインターネットで募集しても効果がないのです。

次項ではどうやって管理会社を選んだらいいのか、具体的に解説します。

4 良い管理会社の選び方

管理会社を見つけるのは第3章の物件ヒアリングと同様に、その地域の不動産業者を調べることからはじめます。

管理会社の候補をピックアップしたら、まずは「管理をお願いしたいのですが・・・」と、一度面談することをおすすめします。

店長が対応してくれることが一般的ですが、大抵の店長はしっかりしています。店長レベルでちゃんとした言葉で返ってこなければ、それは問題外ですが、店長は信頼できそうでも、担当が頼りない新人だったというケースもあります。

担当が3ヶ月から半年で辞めてしまうのもよくある話で、引き継ぎがしっかりできていない、プラス、仕事もしっかり教えてもらえていないという問題もあります。

というのも、不動産業界は人材の定着率が悪いのです。自分の仕事が忙しくて新人教育をやっていられないという側面もあります。

結局のところ、店長はできる人が多いし、高い給料をもらっています。ところが末端の社員になると、薄給なのに忙しくて、手が回らない。「しっかりやれ」と言われても、できない現実があります。

このように管理会社によってレベルが大きく変わりますし、実際、管理をまかせてみないとわからないところも多く、より良い管理会社を選ぶのは至難の業です。

ここでは、わかりにくい管理会社をどうやって選べばいいのか解説しましょう。

管理会社のヒアリング時に確認するポイントは、次の通りです。

○優良な管理会社を見極めるチェックポイント

・管理物件の入居率
・何戸の物件を管理しているか
・経営がうまくできている会社

まず基本的なところですが、管理物件の入居率を確認します。これが90%をきっているようでは心配です。

次のチェックポイントは、その管理会社が何軒の賃貸物件を管理しているのかということです。

そこの地域のシェア率を調べることで、管理会社への信頼を調べられます。

というのも管理件数の多さは、「どれくらいの大家さんが、物件をまかせているのか」ということ、戸数が多ければ、その地域での信頼の証になります。

都会の投資家は、『ミニミニ』、『エイブル』、『アパマン』といった大手のチェーン店やフランチャイズに加盟している管理会社の方が、知名度があって良いと考えることもありますが、大手だから有名だからというのは、さほど目安になりません。

例えば某都市例でいうと、地場の業者が強すぎて、大手チェーンが入っていけません。

そのため、その地域で強いかどうかは「有名かどうか」ではなくて、管理戸数で判断すべきです。

ちなみに、その某地方都市の地場の業者は、おそらく全国でも上位の管理戸数を誇っている規模で、2万戸位を管理しています。

そういった実績の多いところの方が、入居募集もしっかりできて、管理自体もしっかりしている可能性が高い訳です。

逆に管理戸数の少ない零細業者であれば、そもそもお金もないし人がいません。最悪、倒産する可能性もあり、そうなると家賃が入ってこないこともあります。

5 地域を問わない全国対応の管理会社もある

かつては、管理会社といえば、その土地にある業者。もしくは近隣の大きな街であったり、せいぜいターミナル駅といったところで、あくまで地域に根差した業者に委託するのが一般的でした。

ところが最近では、その地域に特化せず、全国対応の管理会社も増えています。

というのも、物件を買い増して、規模を大きく買い進めていくにあたって、東京に住みながら北海道・名古屋・福岡など全国各地に物件を持つ投資家が多いからです。

地域がバラバラでさらに戸数も多くなれば、「全国まとめて一括で任せたい」という需要も大きくなり、それに答えるため、いくつかの不動産会社が全国対応を行っています。

物件を運営するとなれば、いくら管理会社にまかせたとしても、連絡事項は結構あるものです。

その点、連絡の窓口が一本というのは便利です。同じ10本の電話がくるにしても、いろんな人から10本電話が来るのと、一人の担当者からくるのでは全然違います。


当社のケースでいえば、うちの会社で購入いただいたお客さんから、まとめて管理をお願いしたいという要望をいただいて、2015年から管理部門を設立しました。

当社は某一部上場会社のコンサルティングを受けて、クオリティの高いサービスを提供できるようにしています。


基本的に中古物件を取り扱うことが多く、運営状況も全部わかっている中で売買仲介を行っているので、物件の状況を把握する立場にいます。

所有戸数が増えてくれば、入退去の手続きも増えて、いくら管理会社にまかせているといっても、手間がかかります。

そこで、当社で行っているのが、貸主代理（賃貸借代理契約）です。これは、特定の不動産会社に代理権を与え、入居者の募集・斡旋業務から契約の締結に至るすべての業務を貸主の代理人として行ってもらうものです。

不動産の賃貸には、一般媒介・専任媒介・専属選任媒介という形で、不動産会社が仲介に入りますが、貸主代理となれば、当社が貸主代理として署名捺印をすることができます。

例えば、他社が入居者を見つけたとしても、当社が代理なので、その人を入れるかいれないかは当社に権限があります。

もちろん、実際には入居申込書をオーナーに送って確認していただきます。でもそのうえで署名捺印するのは私たちです。

というのも契約書を郵送して、署名捺印をいただき返送してもらう一連の手続きは、最低3日はかかります。その時間と手間を短縮しているのです。

当社のように効率化を重視している会社はまだまだ少数派になりますが、こういった契約手続きをきちんとできることは管理会社の必須条件です。

契約業務や集金業務がきちんとできていない会社は要注意です。悪い会社になると、敷金を管理会社で預かって、「管理会社を変えるなら返さない」と揉めることもあります。

入居者から滞りなく家賃入金されていても、不動産会社から入金が遅れているという話も聞きますし、資金繰りに困って家賃収入に手をつけてしまうような会社は倒産の危険があります。以前、九州で管理会社が倒産して敷金が戻らなかった・・・というケースもありました。

東京にある会社が全国の物件の管理をするに当たり、心配されることが「すぐに駆けつけることができない」という問題です。

それについては、各地域にある定期清掃の業者に定期巡回を依頼し、何かあれば物件に出向いてもらいます。頻度によって費用も異なり、月1回のときもあれば2回のときもあります。

いずれにせよ管理会社が物件の近くになくても、すぐ駆けつけられる協力体制をつくることができますから、それがハンデになることはありません。

また地方では、その地域独特の慣習があり、多額の広告費など、それがオーナーにとって不利な場合もあります。

それらを計算に織り込んで、物件購入するのが基本となりますが、実際その地域でやってみないとわからないですし、オーナー側から見ると不透明なことが多いのも不動産業界の特徴です。

当社は全国対応ですから、北は北海道から南は九州の宮崎まで、地域の不動産会社と情報交換して、その地域の慣習を把握しながら1番最適なものを取り入れています。

6 大事なことは「客付力」

良い管理会社の条件で、「管理物件の入居率」をあげましたが、管理会社がしっかりと客付できることとは重要です。ここでは、当社の客付事例をご紹介させていただきます。

まずは埼玉県のオーナーチェンジ物件ですが、RC造の築5年程度と築浅物件にも関わらず、薄汚れた印象の物件でした。新オーナーは総戸数35戸中、4部屋が空きの状態で購入しました。

管理を変えるタイミングで入居者にアンケートをとったところ、「もう少しキレイにできませんか？」というリクエストをいただきました。

確認するとメンテナンスとして日常的な清掃は行っていたようですが、それで落ち切れていない汚れがあったり、物件の境界に生えている草が放置されたままで伸び放題でした。

どうやら前オーナーが物件に無関心でお金も出さないタイプだったようで、前の管理会社もチェックを怠っていたのでしょう。もしかして入居者からの要望があってもスルーしていた可能性もあります。

荒れた印象のある共有部に高圧洗浄を入れて、見た目もキレイに見えるようにしたのです。その後、すぐにもう1部屋退去があったのですが、管理を請負ってから3カ月で満室にできました。

続いては、当社が売買仲介を行っておらず、物件の管理だけを受けたケースです。メルマガを見て連絡をいただいて、面談をしたところ気に入っていただけました。当社とは付き合いが長いオーナーです。

この方は首都圏中心に1都2県に3棟を所有されており、戸数は2戸と5戸と6戸ということで小規模な物件です。今は全て満室稼働しています。

都内の物件は2戸は満室で、埼玉県の物件は築10年で5戸中2戸空き（住戸1つ、テナント1つ）です。神奈川県は築30年で6戸中1戸空きでした。

都内の物件はかなり古いタイプの物件でお風呂はバランス釜で2Kの和室です。バランス釜から普通の給湯に替える検討をして、いざ改装しようとしたら入居が決まったのです。

初期費用を安くして条件面をニーズに合わせたのと、畳は全て張り替えてあり、カビも生えずにキレイな状態を保っていました。古いながらも清潔感を大事にしたことが要因かと思います。

埼玉の物件は築10年以上は超えていますがキレイです。ここはもともと2戸空いていまして、住居が1戸とテナントが1戸でしたが、2カ月で埋めることができました。

本来、テナントを埋めるのは難しいものですが、この地域は貿易系のオフィスの需要がありました。中国人の方が貿易事業を始めるにあたっての事務所として利用されています。

キレイな物件なので、あえてコストをかけることはせず、募集にあたって家賃を少し下げました。あとは入居者のニーズに合わせた保証会社を選択しています。


当社の管理物件でもっとも多いのは、当社で購入された物件の管理を引き受けるケースです。

7月に地方のサラリーマン投資家が長野と岐阜の物件を2棟購入されました。

長野の物件は前オーナーの自主管理でしたが、かなりずさんでした。総戸数は40戸で26戸空きです。現況渡しではなく修繕後の引き渡しでまだ修繕中ですが、それに関してもオーナーさんは現地に行かなくてもスムーズに工事が行えています。

これから募集をかけますが、お部屋の状態が悪くて、そのままでは貸し出せません。ここは2DKと3DKのお部屋がバラバラに入っている物件ですが、ヒアリングをしたところ、物件の近くに大学があり2DKは学生の需要がとても高いそうです。

岐阜の物件は総戸数が25部屋あり、そのうち12部屋も空きでしたが、すでに半分が申し込みがはいっていますし、清掃だけで入居できる部屋はもう住んでいただいています。

なぜ、すぐに埋まったのかといえば、その理由は外国人需要です。このエリアには外国人の派遣社員を雇っている工場がありました。需要がとても高かったにも関わらず外国人労働者が入居可能な物件が少なかったのです。

この物件のケースでは法人ではなくて個人契約です。それも外国人専用の保証会社があり、何かトラブルが起こったとき、外国語が話せるスタッフが在中しており全て対応してくれます。

この物件は4階建ての建物でエレベーターがなく、3階以上の人気がありませんでした。そこに、できるだけ1フロアにまとめる形で外国人に住んでもらってます。

このように少し制約を設けて、日本人が埋まりづらいところへ外国人に入ってもらっています。繁忙期ではありませんが、この調子だと満室になりそうです。

客付を行う際には、必ず地場の客付業者と協力体制をとっています。遠隔で現地に行けない分、電話を中心したやりとりで信頼関係を築くことは可能です。

また、遠方に住む投資家は、問題が起こっていることを把握しづらい状況にあります。そこで、オーナーと相談の上ですが、半年に1回は入居者さん全員へアンケートを出して、何か気になる点や、導入して欲しい物、例えば「インターネットを無料にして欲しい！」という声を集めています。

管理部門では、入居者さんから受けた要望をまとめ、報告をした上で改善点の提案を必ず行っています。そうすることにより、入居者さんの満足度を上げて退去を防ぐようにしています。

やはり退去には費用負担もありますし、客付もしなければいけません。その際に発生する費用を、できるだけかからぬように努めると共に、退去が出ないようキレイな状態を保ったり、入居者のリクエストを受け付けて満足いただける住環境を提供できるように努めています。後述のコラムでは、実際にどうやって空室を埋めていくのか具体的なノウハウをご紹介します。

コラム

いかにして満室にして稼働率を上げるのか

空室対策

不動産投資家が物件を取得して収益不動産オーナーになってから、もっとも関心があることは空室対策です。

いくら利回りが良い物件でも、それはあくまで入居者が入ってこそ。

また、いくら安く購入できても、家賃収入がしっかり入らなければ、ローン返済もままなりません。

つまり、空室対策を行って、入居率をあげるということは、投資家にとって必ずしなくてはいけないことなのです。

不動産投資入門書籍も増えていますが、空室対策ノウハウもたくさん出回っていますし、空室対策専門の不動産コンサルタントもいます。

このコラムでは、プロがおすすめする本当に効果のある空室対策を紹介します。

1 まずは物件をキレイにする

空室対策の基本は、当たり前ですが部屋をキレイにすることです。

巷にはいろいろなノウハウが出ていますが、どんな対策をするにしても、まずは物件をキレイにしなければはじまりません。

入居希望者が内覧にきて汚い部屋だったら、そこに住もうとは思いませんから。

とはいえ、空室をキレイに保つのは意外と難しいのも事実です。前入居者が退去するときにクリーニングしたとしても、時間が経てばホコリも溜まりますし、徐々に薄汚れていくものです。

自宅のそばにあれば、オーナーが出向いてチェックすることができますが、遠隔の場合はそうはいきません。

部屋の清掃に関していえば、管理会社は発注するだけで、実際にはクリーニング業者の仕事です。

クリーニングの会社がどこまでやるかはしっかり確認する必要があります。

私も水戸でいろいろな業者を使いましたが、業者によって仕上がりが全然違います。これも各地域でベストなところを、自分で抑えられたらかなり大きいと思います。

良い業者さんの探し方としては、繁忙期ではない時期に管理会社にいって「空室が出たら、複数社を試してくれ」と頼むことも手です。

結局のところ、管理もどこまでまかせるのか線引きが必要です。自分が発注していいのか、管理会社にまかせる領域なのかは必ず確認してください。

私自身は、そうやって確認したうえで、自分で手配を行っていました。

自主管理でないと、そういったことができないという印象もありますが、それは管理会社次第です。

そのときは安さよりも仕上がりの良い業者さんを探すのが重要です。ワンルームについては1万3000円、1万5000円など数千円の差です。1000円か2000円の差で全然違いますから、そこは内容で判断したいものです。

また共有部に関しては、月に2回など定期清掃の契約を結べばいいですが、空室に関しては、クリーニング業者が入った直後はいいとして、そこから空き期間があると、ホコリが積もったままになっていたり、徐々に薄汚れてきます。

夜に案内するときは、照明がついていたほうがいいし、雨戸が閉まっているより、開けてカーテンがついている方が良い印象を与えます。

それで入居者が内覧に来た時の印象が本当に、変わってしまうのです。

空室が長引いたときは、数ヶ月に一度でもチェックにいってくれる便利屋さんがいたらいいと思います。

窓開けて空気を通してもらって、ホコリをはらって、排水管から臭いが上がっていないか、室内がキレイに整っているかのチェックです。

そういったことのできる便利屋さんを、なるべく安いコストで抑えておくのも手だと思います。

2 安くて費用対効果の高い設備の導入

部屋をキレイに清掃したら、内覧時の見栄えがよくなるように、カーテンや照明をつけましょう。

今はIKEAやニトリで安くそろえられますから、そのまま入居者にプレゼントするのもおすすめです。

安くても入居付に効果のある設備といえば、カラーモニター付インターフォン、ウォシュレットは必須です。

部屋に設置されているエアコンが古いものであれば、入居中に壊れることを考えると、安いときにヤフオクなどで買って取り替えてしまった方が安心です。

シャワーの水栓がお湯と水が別々になっているタイプでしたら、混合水栓に変えるというのも手です。

キッチンはガスコンロではなくてＩＨコンロにします。

通常の鍵ではなく、暗証番号を打ち込むだけでＯＫの電子キーは一長一短です。

鍵がないため便利でかっこいいというメリットがあります。

また、通常であれば管理会社は鍵交換代として、シリンダー交換で１万５０００円くらいの金額をとります。

電子キーはそれがなくなるので、入居者の負担が安く抑えられます。

暗証番号の交換だけになるので、暗証番号と電池の交換費用として、手数料５０００円をとって管理会社と折半というのもいいのではないでしょうか。

なおデメリットとしては、導入費用が掛かることや、キーは主に電池式なので、定期的な電池交換が必要です。

導入費用は初期で５万円前後掛かりますし、電池交換は２年に１回は必要になります。

３ 募集家賃・入居条件を見直す

部屋の準備ができたら、家賃も見直しましょう。空室対策の基本は家賃設定です。周辺家賃をみて、ライバルの物件よりも安くすれば、それは入居につながります。

安くしすぎて収益を落としてもいけませんので、この点は、管理会社と話し合って慎重に決めましょう。

あとは入居条件です。入居条件はどこまで妥協するか、判断に迷うところがあります。これはまわりの状況にもよります。

空室対策で空いている時間を少しでも短くするためには、家賃を下げるのではなく、初期費用を下げる流れがあります。

敷金礼金ゼロというのは主流になっていますが、プラス仲介手数料ゼロ、引っ越し費用大家負担、鍵費用、火災保険負担で本当に「ゼロ」というのがあります。

また高齢者・外国人・生活保護といった一般的に入居審査の通りにくい属性の入居者についても、幅広く対応できたら有利です。

ただし、条件緩和をした場合でも家賃保証会社は必ずつけましょう。

保証会社によって条件が変わり、正社員でなければ難しいような厳しい保証会社もありますが、派遣社員でも通る保証会社、外国人専門の保証会社などもあります。

保証会社は管理会社を通じて申込みしますから、管理会社を選ぶときは、複数の保証会社と契約しているということもポイントになります。

4 家具家電付で家賃もアップ

空室対策というと、家賃を下げたり、入居者にプレゼントをしたり、投資家にとって出費ばかりが続きますが、部屋に家具家電を備えつけた家具家電付ルームでは、出費は伴うものの、空室対策と併せて家賃アップが狙えます。

家賃を1万円高くすることができれば、利回りも上がり売却にも有利に働きます。

ただし家具家電はどの物件にも適している訳ではありません。

ファミリータイプでは、すでに家電を持っている入居者が多く、単身者の方が持っていない人が多いでしょう。

女性やカップルでは、「自分で選んだものを使いたい」というこだわりがある人が結構いますが、シングルの男性であれば、こだわりのないことも多く、家具家電付きで最初から全部ついている方が人気です。

また地域性もあります。家具家電があるよりは、「1円でも安く住みたい」というニーズもあるので、空室が複数あれば、1室だけ家具家電付きのモデルルームをつくって入居希望者に選んでもらうという戦略もいいでしょう。

それで、家具家電付きに申込みがあるようなら、家具家電付きの部屋を増やすことで、家賃アップが狙えます。

投資家から見れば、金銭的な負担に感じるかもしれませんが、長く空室を続けるよりは、打てる手はどんどん打って、埋めていくべきです。

家具家電にかかったコストが家賃2ヶ月分で回収できれば、2ヶ月空室が続くよりは断然良いでしょう。これで家賃が上げられるようなら一石二鳥です。

また、こういった空室対策は小出しに行うよりは、一気に行った方が良いでしょう。とにかく空室を長引かせない・・・それだけを考えて、打てる手は打ちます。

5 管理会社との良好な関係が満室につながる

結局のところ、良い収益不動産を購入するための方法と同じで、鍵を握るのは管理会社です。

管理会社もたくさんの管理物件を持っています。その中で、名前をいえばパッと物件がわかるように、自分の物件をしっかり覚えてもらうことが肝心です。

そのためには管理会社との信頼関係を築くことが大きいと思います。いくら仕事といっても、人ですから、仲良くなった人の方が優先されます。

中には、管理会社との関係だけでなく、実際に客付してくれた賃貸仲介の会社を重視して、接待をする投資家もいます。

というのも、たくさんの業者に声をかけても、実際に客付けしてくれる店舗は、大体1、2店舗に絞られてきます。


大体、営業マンは男が多いので、遠隔地に住んでいる投資家であっても、一泊すれば食事に連れ出して飲みに行って、ご馳走してあげることができます。

ひとり1万円の予算として、5人いても5万円です。それで一部屋5万円の空室が3つ埋まってくれれば、毎月15万円になります。

いっしょにお酒を飲むと仲良くなります。私も住宅メーカーの営業をやっていたとき、仲良くなって飲みに行ってお客さんの家に泊ったこともありました。

そうなると営業側から見ても、特別なお客さんになります。もともと営業畑の投資家さんからすれば、さほど難しくはありません。年に一度でも行えば効果があると思います。

女性投資家であれば、女性の営業にアプローチしやすいと思います。

女性に好まれるスイーツを差し入れたり、ご飯を食べにいったり、仲良くなるのがいいと思います。

このように同性へアプローチするのが一番やりやすいとは思います。それぞれのやり方で工夫してみてください。

まずは、自分の物件を知ってもらう、そして優先して客付してもらえるような関係を築くことに注力します。

6 広告費は効果的に使われているのか

今、地方では1ヶ月～2ヶ月の広告費がかかるものですが、管理会社がその広告費をとるかどうかというのもポイントです。

よくあるのは2ヶ月の広告費を、1ヶ月ずつ管理会社と実際に入居者をつけた客付会社でわけあうケースです。

当社では、すべて客付会社に支払っていますが、それができるかどうかで客付会社の利益が変わりますから、実際にお客さんに接する営業のモチベーションにも大きく影響します。

管理会社が広告費をどのように使っているかはぜひ確認してください。

当社は自社で賃貸の顧客を抱えていませんが、客付会社への営業を徹底させています。

広告費をすべて支払うといった条件にくわえて、物件情報のＦＡＸも3日に1回流していますし、さらに電話攻撃もしていますから、同じことをサラリーマン投資家がやろうと思えば大変です。

今は空室対策本の影響もあって、オーナーで自ら客付営業を行っている人も増えています。

決して悪いことではないのですが、不動産投資で成功したいと思えば、まかせられる部分はアウトソーシングした方が良いのではないでしょうか。

所有物件が増えてきたら物理的にも大変ですし、物件を増やすことや売買のタイミングなど、投資家でしかできないことに比重をおいた方が良いように感じます。

当社もいかに少ない人手でまわすかというのは注目していて、賃貸借契約書も重要事項説明書も、それに付随する書類系すべてを、1個ボタンを押したらプリントできるようにしています。

不動産会社の人はいつも忙しそうにしていますが、それはアナログやっているからだと思います。

効率化できることは極力効率化するというのも大事ではないかと思います。

そのために信頼できる管理会社を見つけて、良い関係を構築する、またパワーのある客付業者にだけアプローチをかけるというのは、とても良い方法だと思います。

第8章

安心して不動産投資を続けるには

~リスク回避~

第8章では物件を所有した不動産投資家に起こりうるリスクについてです。リスクといえば、家賃滞納をはじめ、問題をおこす迷惑入居者の存在。それから、今話題の孤独死なども含まれます。

また、日常で起こりうる火災や災害には保険でリスクヘッジしますが、マイホームにかける保険と、賃貸住宅にかける保険は意味合いが変わってきます。

当たり前の基礎知識だけではなく、不動産業者だからこそ知るリスク回避のノウハウをお伝えします。

また不動産投資に使える補助金も紹介しますので、参考にしてください。

1 保証会社の審査で問題入居者を防ぐ

投資家からすれば、もっとも避けたいのは家賃滞納です。そのため保証会社利用を必須にされている方も多いと思います。

当社の入居審査で必ず行っていることに、保証会社に入居審査をお願いすることです。保証会社こそ家賃滞納する入居者は避けたいという、いわば投資家と完全に利害が一致していますから、しっかり調べてくれます。

一度、ごく普通の中年男性の身分証を送って、審査してもらったところ「暴力団関係者なので不可です」と返答があったこともありました。

保証会社は、私たちとはまた違う独自の情報網を持っているのだと思います。

ですから保証会社の審査に落ちた入居希望者を入居させてはいけません。保証会社にも厳しい会社、緩い会社とありますから、緩い会社の審査を落ちた人は完全にアウトです。

なお、厳しいところでは不動産会社勤務ということでＮＧが出ます。不動産会社は収入が不安定ということで「低属性」なのです。

緩い保証会社の審査は、普通に働いていれば通ります。派遣社員やバイトというのも、家賃によっては可能です。

保証会社は収入と、家賃の割合を見ていますから、家賃3万円位の物件だったら、アルバイトで年収200万円位の収入でも充分入居できます。

もちろん、正社員であることは信用になりますが、「正社員だからOK」ではないのです。

例えば、保険証をみて社会保険であれば、その会社の従業員であるということが確実にわかりますが、それだけでなく、その人の個人情報をいろいろ調べているようです。

それは会社によって変わりますが、過去に家賃の滞納履歴がある人はダメです。

現在、保証会社の滞納履歴は各社ごとで管理されていますが、いずれ情報共有しようという話になっています。

このように保証会社の存在は、家賃を保証してくれるだけでなく、問題入居者を排除するフィルターの役割もはたしています。

当社は高齢者・外国人と水商売以外はすべて可能にしていますが、「保証会社を通らなかったらアウト」という風に、しっかり線引きしてリスクヘッジしています。

また、当社では家賃滞納については保証会社を入れることにくわえて、家賃を入居者から口座引き落としするようにしています。そうすることで振込忘れを防いでいます。

2 名前検索でトラブル入居者をチェック

家賃滞納だけでなく、騒音、クレーマーなど問題のある入居者は、空室以上にやっかいなものです。近隣ともめて問題になるような人、犯罪を行っている人を事前に知るために、名前を『Yahoo!』や『Google』で検索してみましょう。

ケータイ番号やメールアドレスで検索しても、情報が出てくるケースもあります。もちろん、悪いことだけでなく良いことも出てきますから、審査を行うにあたり参考になります。

悪いことでいえば、詐欺といった犯罪系。良いことでいえば、企業のサラリーマンでも取材を受けていたり、論文やレポートを発表しているなど、しっかり仕事をしている裏付けがわかることもあります。

3 孤独死問題に対応する保険商品

高齢者もリスクのある入居者という風に思われがちですが、その理由に、今社会問題にもなっている「孤独死問題」があります。

実際に孤独死が起こった場合は、管理会社が警察の立ち会いのもと鍵を開けることになっています。

自殺でなく事件性がなければ、告知事項（第6章　P172参照）にはなりませんが、発見が遅れてしまえば、原状回復するために膨大な費用がかかります。

本来は借り手側が弁償するものですが、これが身よりのない高齢者であれば、オーナー負担になってしまうため、高リスクと見られています。

対策としては、「電話する」「出向く」などアナログな方法でやっていくしかないと思います。高齢者の安否確認は、見守りサービスを行政で行っていたり、民間からも警備会社などを中心に多くの会社が行っています。

また、入居者の死亡に対応した保険商品も出ていますので、高齢者にはそういった保険に加入してもらう、それから、いざというときの身元引受人をしっかり押さえておくことです。

○孤独死対応の保険

・「大家の味方」（アソシア）

・「Star Rent System（スターレントシステム）」（ジャックス）

・「無縁社会のお守り」（アイアル）

・「Re-Room」（e-net少額短期保険株式会社）

4 入居者保険の加入漏れを防ぐには？

入居者の入る保険は、入居者が火災など建物に被害を与えたときの賠償保険（借家人賠償責任保険）、家財保険、また特約という形で、先述の死亡時の原状回復費用をフォローするタイプの保険もあります。

一般的に入居者が加入する火災保険は賃貸借契約同様に2年となっています。

次回契約時に更新するものですが、管理会社では更新料を確認することはしても、火災保険の更新は、入居者と保険会社とで行いますので、実際にきちんと加入できているのか、問合せをしなければわかりません。

この辺はしっかりした管理会社であれば、確認するのでしょうが、オーナーチェンジ物件では、実際にどうなっているのかわからないことも多く、何か事故が起きたときになってはじめて保険に入っていなかった・・・ということが発覚することもあります。

とくに火災がおこったときの無保険というのは、入居者にとっても投資家にとってもダメージが大きいので、万が一の無保険状態を避けるのもリスクヘッジです。


当社では、入居者には保証会社とセットになった火災保険に加入していただいています。まだではじめたばかりで、メジャーではないのですが、保証会社とセットとなる火災保険は2年契約でまとめ払いではなくて、月々の支払いとなります。

この支払いも入居者の口座から自動引き落としにすることができます。こうすることで入居中は常に火災保険に加入した状態をキープしています。

入居者から見ると、振込の手間がかからないこと、また振込の費用がかからない分お得です。

入居者の負担を減らすといえば、2年毎の更新料を無くすという取り組みを検討しています。「自動更新で更新料はかかりません」ということであれば、退去は減ると考えています。

5 必ずはいるべきか？　地震保険の考え方

次は不動産オーナーが契約する保険についてです。

そもそも私は保険については、積極的に使った方がいいという考え方です。

ただし、地震保険には独特のルールがあり、火災保険のように建物を建てなおす費用までは出ません。

火災保険の50％までの保障で、被害によって一部損、半損、全損と判定されます。

東日本大震災では、被害も広範囲にわたり5パーセントの一部損がほとんど認められたこともあり、地震保険に入っていた方が良かったという人も多かったです。

最近、他の著者が書いている不動産投資の本を読んだのですが、地震保険がどれくらいの割合で戻ってくるのかということが書かれていました。

地震保険は一部損でいくら支払われるのか、それに対して保険料はいくら払うのか。何年以内に地震が起きる可能性がどれくらいあるのか、その著者さんはそこまで考えているという話でした。

3年間地震保険を支払うと払いすぎになるケースもあり、実際、不動産投資ファンドでは地震保険には加入していないそうです。必ずかけた方がいいという風潮がありますが、これから保険料はどんどん上がっていくということもあり、どれだけの費用対効果があるのかは計算してみる必要があると思いました。

そのうえで、加入するかどうかは、投資家の判断だと思います。コストを考えて、保険に入らず、あえてリスクをとるという考え方があってもいいかもしれません。

6 不動産投資に使える補助金

最後にご紹介するのは、行政の補助金です。空室のリフォーム資金に適用されるとあって、不動産投資家には有名です。

正式名称は、「セーフティネット保証5号」といい、「業況の悪化している業種」として、「貸家業」が該当します。条件に合致すれば、最大で一部屋100万円までリフォーム費用が補助されます。詳しい条件は、リストを見ていただきたいのですが、3ヶ月以上続いた空室に該当します。

○セーフティネット保証5号

対象住宅の条件

・民間賃貸住宅を活用した住宅セーフティネットの強化に取り組む地方公共団体との連携が図られる区域内で、1戸以上の空家のある貸家・共同住宅（テナント・オフィスは不可）。
・3ヶ月の空室があること。
・改修工事後に賃貸住宅として管理すること。
・原則として空家の床面積が25㎡以上であること。
・収納設備・台所・水洗便所・洗面設備及び浴室を有するものであること。

改修工事の条件

次のいずれかを行うことが条件となります。
・現行の耐震基準に適合させること。
・「手すりの設置」「段差の解消」「廊下幅等の拡張」「エレベータの設置」のいずれか

を行うこと。

・「窓の断熱改修」「外壁、屋根・天井又は床の断熱改修」「太陽熱利用システム設置」「節水型トイレ設置」「高断熱浴槽設置」のいずれかを行うこと。

改修工事後の条件

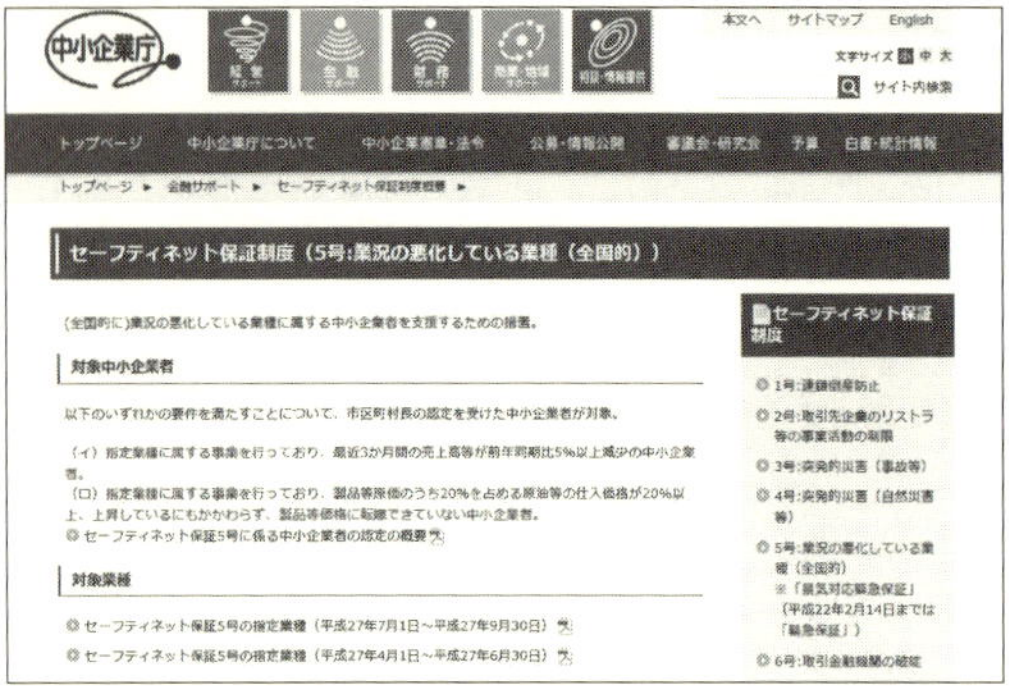

○セーフティネット保証（5号）の概要
（中小企業庁ホームページ）
http://www.chusho.meti.go.jp/kinyu/sefu_net_5gou.htm
※詳しい募集期間と条件はHPをご確認ください。

・改修工事後の最初の入居者を住宅確保要配慮者とすること（3ヶ月間）。

・住宅確保要配慮者の入居を拒まないこと。

・地方公共団体または居住支援協議会から要請を受けた場合、当該要請に係る者を優先的に入居させるよう努めること。

・災害時において被災者の利用のために提供する対象となる住宅であること。

・リフォーム後の家賃について、都道府県ごとに定められる家賃上限額を超えないこと。

コラム

思いもよらぬ出費を防ぐリフォームと建物メンテナンスとは

物件購入をしてから、もっともかかる出費がリフォーム費用です。

一口にリフォームといっても、外壁や屋上防水といった大掛かりな工事から、部屋の内装まで様々です。

何十室もあるような大規模なＲＣマンションでは、エレベーターの点検から、消防点検、入退去に伴う原状回復リフォームなど、毎月何らかの修繕工事をしていることもあります。

また建物の寿命は、きちんと手を入れることによって伸びます。長く所有する場合はもちろん、売却を前提にしていても、メンテナンスは欠かせません。

このコラムでは、リフォームと建物メンテナンスについて、安く効率的に行う方法をお伝えします。

「安さ」だけにはこだわらず、どちらかというと「効率」を重視するということです。

１　必要最低限の原状回復工事と入居者に好まれる内装リフォーム

マンションやアパートなどの賃貸物件では、退去の後、原状回復工事といって、室内を入居する前の状態に戻す工事を行います。

主に床や壁を直し、壊れたところがあれば修繕します。

とくに何も言わなければ、前回と同じ仕様で、管理会社からリフォーム会社に発注されて、オーナーには請求書が送られてきます。

このように自動的に原状回復工事を行う仕組みがあるため、放っておけば、いつもの通りの部屋になります。

空室が増えてきた、また同じ家賃ではなかなか決まらなくなったときには、原状回復工事ではなく入居者に好まれる部屋づくりを行う必要があります。そのためオーナーが動かなくてはなりません。

動くといっても、自分でDIYをするのではなく、どのような工事をするのか、投資家が管理会社なり工務店なりに希望を出して発注しなくてはいけません。

例えば、部屋の一面だけ壁紙の色や柄を変えるアクセントクロスは、低コストで部屋のイメージを変えることができます。

壁一面だけアクセント入れて、後は量産型クロスを使えば、6畳一間程度のワンルームで5万~8万円程度です。

あまり奇抜なのは好まれないので、アクセントクロス以外は真っ白がおすすめです。トイレや洗面所も真っ白の方が、清潔感がありますし、量産型クロスは安く済みます。

また入居者目線では、やはり和室は好まれません。できれば洋室にした方がいいでしょう。

和室から洋室への工事費用の目安は、近くのホームセンターにお願いしたときの料金を目安にすると良いと思います。その料金が一番良心的です。

ホームセンターの見積もりと、管理会社を通じて発注をした見積もりで、さほど差がなければ、管理会社へ発注してください。

管理会社からリフォーム会社へ発注した場合、手数料が上乗せされますが、1月から4月の繁忙期であっても優先して工事をしてもらえるのが利点です。

繁忙期に「1円でも安くしたい」と相見積もりなどとっていたら、タイミングを逃してしまいますし、業者からすれば、必要以上に細かいことを言う大家は後回しになります。

ある程度、手数料が上乗せされても、管理会社に一任することで、優先的にリフォームしてもらいましょう。

できる限りコストを抑えたいのであれば、ホームセンターの価格を目安にして、別のリフォーム会社に相見積もりをとり、最安値のところに発注します。

ただし、後者の場合はタイミングによっては時間がかかり、機会ロスが生まれる可能性があるということを覚えておいてください。

スピード重視か価格重視かどちらにするかは、その投資家の捉え方です。

まとめると現状回復については、スピードとコストを秤にかけて判断した方がよくて、空室対策や家賃の値上げを狙うバリューアップリフォームに関しては、入居者に対して訴求効果がある内装や設備をなるべく安く導入することが基本です。

2 リフォーム費用をコストダウンするには？

コスト面でいえることは、入居中の部屋に工事業者を入れると割高になります。やはり緊急対応となると追加の費用がかかるものです。倍とはいいませんが、数万円の違いがあります。

そのため給湯器やエアコンなどの壊れたら即時で対応した方が良い設備は、空室のときに入れ替えておく方がよいと思います。

空室時にキレイな新品になっていれば、募集時にもアピールできますし、入居してからのトラブルは格段に減ります。

居住中に住宅設備が壊れてしまったら入居者に迷惑がかかるので、あらかじめ10年経っている設備をチェックして、先回りして修繕をするのです。

当社では修繕費に関しては3万円以上の修繕費がかかる際には、オーナーに相談するという風に決めています。

この修繕の対応も管理会社によってはまちまちで、悪質な管理会社はオーナーに知らせず工事を行って事後報告という話も聞きます。

その場合は、許可を得ない工事の請求書がまわってきますから最悪です。

もっとひどいケースでは、「やってもいない工事の請求がまわってきた」という話もあります。

そういった不正を防ぐためには、一定金額以上の工事は必ず、オーナーに相談すること、それから工事を行う際は必ず記録写真を撮影するようにしています。

これは管理会社でもオーナー発注でも同じことですが、アウトソーシングでやっていて現場立会いが行えないのであれば、必ずしましょう。

3 大切な建物の維持管理

建物の維持管理のために行う修繕工事も必要不可欠です。建物全体を定期的にメンテナンスしたほうが長持ちします。

外壁塗装や屋上防水は100万円以上もかかる大規模修繕ですが、長い目でみると、行った方が良いと思います。

例えば、空室が埋まって黒字になってきたときは、建物の維持管理をしながらバリューアップする工事を行っていくほうが、良い節税になります。

理想としては、購入前の現地調査で建物の状態をしっかり確認しておき、そのリフォーム費用も見込んだうえで購入することです。

購入してからは長期修繕計画をつくり、できれば管理会社と共有して、タイミングを見て先手先手でやっていくことです。

本来はこういった提案は管理会社からできることが理想ですが、現状ではそこまでする管理会社はほとんどなく、オーナー自ら考えていくしかありません。

大抵は、不具合が出てから「修理しましょう」となります。運が悪ければ購入したとたんに「あれが壊れた。これが壊れた」と、管理会社から言われて、どんどん請求書がくることもあります。

部屋の内装や小修繕であればともかく、大規模修繕となれば何百万もかかることもあります。そうなってしまえば、当初の事業計画とはまったく違うものになります。

ローン返済がはじまってすぐに、空室もあって、リフォーム費用の多額の支払いが続けば、キャッシュアウトしてしまう可能性もあります。

そのためにも事前の調査はしっかり行っておくべきです。

構造でいえば、工事費用はRCの方が高くなり、木造のほうが安いです。

建物の維持管理に関しては、金額もはるため、大家さん自身がしっかり知識をつけて、専門家の意見を取り入れながら先手を打って対応するのが、結果的に安く効果的に行えるコツです。

「修繕費には、できるだけお金をかけたくない」と考える投資家が多いのですが、こうやって建物に手を入れていくことで空室対策にもつながるし、物件の価値を守ることにもつながります。

お金が一番かかるところですが、リフォーム資金として日本政策金融公庫から融資を引いてくることも可能です。

こうして、きちんとお金をかけてメンテナンスをした、入居率が高い物件は高く売れますから、結果的には自分に戻ってきます。

●リフォーム工事の種類

(1) 原状回復工事	・壊れたところを修繕する ・壁と床を直す ・古くなった設備の入れ替え
(2) 空室対策・家賃アップのためのリフォーム	・アクセントクロス ・和室から洋室へ ・人気設備の導入 ・エントランスの改装
(3) 建物メンテナンス	・屋上防水 ・外壁の塗り替え ・エレベーター点検 ・共有部の修繕 ・消防点検

第9章

出口戦略はどの時期から検討するべきか

～売却益を得ながら買い進める方法～

第9章は出口戦略、つまり「売却」がテーマです。

これから購入される方、また購入したばかり方であれば、まだ先のこと・・・と思われるかもしれませんが、投資は売却してこそ、その損益が確定します。

ですので、購入時から常に意識しておくことは必要不可欠です。

すぐ売却する予定がなくても、物件価格を常に把握しておくことも投資家として大切な役割の一つです。

また、ここ数年、不動産価格は高騰しており、空前の売り手市場と言われています。買いにくい状況ではありますが、人によっては所有物件を売却することで失敗をリカバリーするチャンスともいえます。

この章では売却に対する考え方から、その効果的な方法、売却して利益を積みあげて買い進む方法まで事例を交えて解説します。

1 定期的に査定を行って相場を把握する

すべての投資は売却時に損益が確定します。それは不動産投資も同じです。いくらで売れるかを知ることは、投資の損益を確認するのに役に立ちます。

これから購入する人や、今ようやく一棟を購入したばかりの人は、売ることなど想像がつかないかもしれませんが、定期的に売却査定をして、売れる金額を知ること、相場を知ることは、不動産投資家にとって非常に大切なのです。

実際に売却査定を行う際に、売却を前提としていなくてもかまいません。

むしろ購入時点では「持ち切る」とか「○年で売る」など、あまり決めつけないほうがいいと思います。

具体的には1年に1回程度、査定に出します。

例えば、収益不動産専門のポータルサイトの一括査定サービスなどに出すのも手です。物件の情報を打ち込むだけで、複数の会社から査定してもらうことができます。

1棟物件の一括査定できるポータルサイトは次の通りです。

○1棟物件の一括査定できるサイト

・楽待　https://www.rakumachi.jp/fudousanbaikyaku
・健美家　https://www.kenbiya.com/app/exe/sell1
・ホームズ不動産投資
http://www.homes.co.jp/satei/building/?_ga=1.94058l3.1944846559.1383181659

一括査定の他には、自分が購入した業者に聞くのも一つの方法です。あとは知り合いの投資家に信頼できる業者さんを紹介してもらうのもいいかもしれません。

1社に決めずに色々な不動産業者と付き合ってみるのもいいでしょう。

ただし、査定を行うにあたっては、収益不動産専門の会社に頼むべきです。

不動産業者もそれぞれ得意分野があり、例えばマイホームを売っている業者の場合、投資物件の売買はそれほど得意ではありません。

というのも、マイホームを専門に扱っている業者は、住宅ローンしか知りません。投資用の融資はマイホームの融資とはまったく違うので、融資を付けることもできないのです。また、スルガ銀行、オリックス銀行など限られた銀行だけしか知らない不動産業者では、買い手も限られてしまいます。

できればたくさんの銀行とパイプのある業者がおすすめです。

そういう意味でも、物件を購入した業者や、購入は出来なかったけれども良い情報を持って来てくれていた不動産業者とは、物件購入後も良い関係を築いておくといいでしょう。将来的に物件を売るときは、必ず力になってくれます。

2 高値で売るための戦略とは？

では、実際に査定を行って、売買に強い不動産業者に売却を任せたとします。

そんな時に考えるのが「多数の業者に売却を依頼するのか？」「1社に絞って依頼するのか？」です。

これはそれぞれメリットとデメリットがあります。

まず、1社に依頼したときのメリットとしては、情報が出まわらないことです。

情報が出ないことを良しとするか悪をするかは、人それぞれのところがありますが、私は情報をなるべく外に出さないで売る方が良いと考えています。

情報が出まわらなければ、情報自体に希少性が出てきます。また、力がある業者であれば、未公開情報で充分売却できます。

力のある業者とは、お客さんがたくさんいて、お客さんとの信頼関係がしっかりとある業者の事です。

第3章情報収集で解説した物件の探し方を思い出して欲しいのですが、良い情報は本当に買いたい顧客だけに流すのが効果的です。

反対に力の無い業者に依頼してしまうとまず売れません。

というのも、販売する能力がなければ、「レインズ」に出すしかないからです。

「レインズ」に出した段階で、どこの業者でも取り扱うことのできる物件になりますので、その希少性は失われます。

どこにでもある情報と1社しか取り扱っていない情報とでは、お客さんの受け方が変わってくるのです。

ですので、1社に依頼するのであれば、力のある業者にお願いすれば売れる可能性が高くなります。

では、多数の業者に依頼するのはどうでしょう。多数の業者に依頼する場合は、多くの人の目に情報が行き渡ります。

やはり、情報の希少性は出ませんし、買い付けのとりまとめを売り主自身が行わなければなりませんので、その辺がデメリットになります。

ですので、査定は複数社に頼んでも、売却当初は1社に期限を付けて依頼することをおすすめします。

その後は、引き続き、その会社にお任せするのか、それとも複数の会社に依頼するのかを再度、検討してみても良いと思います。

なお売却を依頼する際の契約には専任媒介契約や一般媒介契約があります。

◯専任媒介契約
・依頼した不動産業者との契約で、他社には依頼できません。
・他社の媒介により成約したときは違約金が発生します。
・本人が自分で買い手を見つけたときは、営業経費など費用を支払う必要があります。
・売主への2週間に1回以上の状況報告が義務づけられています。
・業者間情報ネットワーク「レインズ」への掲載が義務付けられています。

○一般媒介契約
・複数の不動産業者に買主を探してもらうことができます。
・複数の業者に依頼するということで、各業者のモチベーションが下がることが考えられます。

このようにメリット、デメリットもある訳ですが、当社の場合はきちんと説明したうえで、お話をすすめていきます。

実際のところ、売主である投資家の考え方次第ですが、当社では一般で預けてもらって「レインズ」に載せないパターンでやっています。

そして、まずは非公開情報ということで、各営業マンの顧客に情報を流します。1週間2週間後で売れなかったら、メルマガで情報を拡散します。

様子を見るのは1ヶ月程度です。売れる物件はここまでで決まります。

1ヶ月で売れなければ、ポータルサイトに載せてオープン情報で売っていくのか、それとも値段をつけなおすのか売主さんと戦略を練ります。

適正な価格というのは売却期間にもよります。

1億円で売りたいけれど、売れない物件があるとします。

その場合は、短期での売却希望であれば8000万円で売れますが、時間がもらえるのであれば、8500万円、9000万円が考えられます。

そういった提案は収益不動産専門の会社にしかできませんから、くれぐれも会社選びは間違えないでください。

ある一定のラインよりも高いと、誰も食いつきませんが、それよりも低いと、みんなが「欲しい！」と手をあげます。

そのラインがどの辺かを把握しているのは、当社に限らず、自社でお客さんをきちんと持っている収益不動産専門の会社です。

NGパターンでいえば、大手の不動産業者に任せて抱え込まれてしまうケースです。「3ヶ月専任でやらせてください」という話で、結局売れなくて、3ヶ月後半ぐらいに指値が入ってきて、今度は売主が説得されてしまう。

当社なら安くても8000万円で売ることができる物件なのに、「どうにか7500万円で！」と説得されることもあります。

3 値付けの仕方と売却のタイミング

自分が購入するときには、お買い得物件にこだわっても、いざ自分の物件を売却するとなれば「とにかく高く売りたい」と思うものです。

しかし、スムーズに売却するには、適正な値段をつける必要があります。

融資を使わないのであれば、単純に利回りで判断してもいいと思うのですが、融資を使う場合は、基本的にはキャッシュフローも含めて判断します。

地方でも主要都市でない郊外、マイナーな地域になると、より高い利回りを求められ、キャッシュフローも多いほど魅力的な物件となります。

例えば、７大都市にある築浅で場所も良い物件。利回り９・５％のＲＣマンションを、都銀で金利１％前半、融資期間35年で借入すれば、返済比率40％を切ります。キャッシュフローもきちんと出ますから、人気の物件になります。

もっと金利の高い地方銀行の融資をうける場合では、たとえ利回りが11％あって金利が４・５％、融資期間30年ということで返済比率は60％位です。

ランニングコストを30％と仮定して、自己資金を抑え借入したとすれば、キャッシュフローは10％くらいしか残りません。これが都銀で借入可能なら、ランニングコストに30％かかっても、キャッシュフローは30％残ります。

同じような地方のRCで、同じような価格帯であっても、これだけの差が出るのです。


昨年、秋の事例ですが、地方銀行のS銀行は10月までは年収1000万円以下の人でも1億円以上の物件に融資を出していました。

ところが10月から融資基準が変わって、1000万円以上でないと、1億円以上の物件は融資が出せなくなりました。

情報を知った私は、融資のつく9月までに物件を売却するように説得しました。

ちょうどタイミングよく、希望通りの金額で売れたので売却益が出ました。返済も進んで残債が減っていたのもあり、手に残ったキャッシュは数千万円になりました。

当時、S銀行が厳しくなりそうだという話はチラチラ出ていました。

一般的に投資家の皆さんは短期譲渡税（個人の5年以内の売却益には39％の短期壊土税がかかる）にこだわって、「5年持ちきったら売ろう」という考えの方が多数です。

しかし、融資基準が厳しくなれば、次の人に売りにくくなります。そうなると税金を払ってでも、「売ったほうが良かった」というケースもあります。

私たち不動産業者は、常に銀行へ出入りしているので、この先行きはどうなってきそうだという感触がつかめます。

購入時に「金融機関選びは大事」という話をしていますが、売却も同じです。

例えば、先ほどのS銀行であれば、属性はそこそこでエリアについては絞っていました。ところが、今は高属性に限るかわりに、融資の対象エリアを広げています。

これはS銀行に限った話ですが、他の銀行にも様々な動きがあります。

そういった情報をつかんでいる業者であれば、そのタイミングによって有利に売却することが可能です。


次にご紹介するのは、5年間マンションを所有して500万円の売却益を出した成功事例です。

所有している間のキャッシュフローも年間100万円あり、収益の合計が1000万円になりました。

【事例11】タイミングの良い売買で大きな利益を得る！

Hさん（仮名）
居住地／名古屋
年　齢／45歳
年　収／580万円
職　種／公務員

融資額／購入時　5000万円、残債　3770万円
融資条件／購入時　25年2%、売却時　20年1・5%
自己資金／購入時　1000万円、売却時　0万円
取得物件／購入時　RC築22年、売却時　RC築27年
家賃年収／購入時　512万円、売却時　512万円
C　F／購入時　109・3万円、売却時　101・4万円

築22年のRCマンション5000万円を購入して、5年間所有して、5500万円で売却しました。残債は730万円減って、3770万円で1730万円の差額が残

りました。

また個人での購入のため、長期譲渡税が20%となり、仲介手数料を引いて、手残りは1200万円です。

併せて所有時には年間100万円強のキャッシュフローがあり、実際には1700万円儲かったことになります。

リーマンショック後の安いタイミングで購入して、今の高い相場で売れた成功例です。購入タイミングによっては同じ値段だったり、購入価格より下げる場合もあります。

次の事例は残債が多く残っているため、次の物件が買えないという理由で、売却を決意されたGさんの事例です。

[事例12] 融資期間の伸びない鉄骨造で、なかなか売れない・・・

Gさん(仮名)
居住地／東京
年齢／35歳

年　収／800万円
職　種／メーカー勤務

融 資 額／購入時　6000万円、残債　5200万円
融資条件／購入時　20年4・5％、売却時　15年2％
自己資金／購入時　0万円、売却時　0万円
取得物件／購入時　RC築15年、売却時　RC築20年
家賃年収／購入時　660万円、売却時　660万円
C　F／購入時　103・7万円、売却時　118・7万円

Gさんは札幌で5年前、築20年の鉄骨マンションを6000万円、利回り11％で購入しました。

融資条件は地方銀行4％台で自己資金を抑えることができ、20年の借入ができました。金利が高いためキャッシュフローはさほどでません。

また残債の多い物件も持っていることが足かせとなり、次の物件を購入できません。

そのため、昨年の終わりになって売却を決意しました。

最初の売り出し価格は、ちょっと強気で8000万円、利回り8％程度です。

情報を出してもなかなか反応がありません。というのも、このマンションは鉄骨造で34年の法定耐用年数に対して、あと9年しか残存期間がありません。

鉄骨でも25年の融資を引ける金融機関はあるのですが、札幌は営業エリア外のため、融資がつきにくく難しい物件となってしまいました。

なかなか売れないということで困っているところ、当社に相談いただき、現実的に売れる価格へ折り合いをつけました。

最終的に5000万円で出したところ、地元の投資家さんが信金から融資を引いて購入することになりました。

この時点での残債は約5000万円のため、かろうじて赤字にはなりませんでした。くわえて所有期間の6年間はほぼ満室で稼働していたため、キャッシュフローは600万円となります。

投資としてはプラス600万円となり、決して失敗ではありません。

このように築年数が古い鉄骨は、次の融資がつきにくく、買ってはいけない訳ではないですが、売却時に買主が使える金融機関がない場合、売れ残る危険があります。

また、その時々で銀行の融資へ姿勢が変わるため、購入時は大丈夫でも売却時に借入が厳しいこともあります。

4 失敗投資をリカバリーするための売却

不動産投資をするうえで、大事なことは税金の知識です。

そんな中、物件を売却した時に発生する利益には個人だと5年以内に売ると39%、5年以上の所有で20%の譲渡税が掛かります。

では、税金が掛かるような場合ではなく、損をした場合は他の所得と通算できるのでしょうか?

例えば、過去に悪徳業者に利益の出ない新築ワンルームマンションなどを購入させられてしまったケースで説明します。

現在は本業の所得が多く、不動産売却による損益と通算できるのであれば、損失は本業の利益との相殺となり、税金を払わなくて済むのと、不良在庫になっている物件の処分ができます。

こんなことができれば良いのですが、残念ながら不動産の売買で得た所得と他の所得は通算できません。

どういう売り方をすれば良いのか？　というと、売ると利益の出る物件と売ると損失が出る物件をその年に同時に売るのです。

売って利益の上がる物件と売って損失を出す物件があったら、損益通算の対象になるので、損益通算させて税金を軽くしてしまった方が良いと思います。

新築ワンルームマンションなどの利益の出ない物件はそもそも使い道がなく、損失を出してしか売れないので、そういう売り方をするのがベストです。

5 買い進めるための売却とは？

これから物件を買い進んでいくためには、「今、自分が進んでいる方向性が果たして合っているのか？」ということも含めて、常に専門家に意見を聞いた方が、より目標に近づける投資ができると思います。

売るにも買うにも、「今の自分の状態がどんな状態なのか？」をよく理解して物事を判断した方が良いのです。

不動産投資というのは、ある意味癌のような物で、私のところに来た時にはすでに手遅れになっていたり、巻き返しするのが大変なこともあります。

まずはキャッシュフローがしっかり出る物件を買い、普段の生活の中でしっかりお金を貯めることです。

あとは利益が出るのであれば、物件を売却するのも一つの手です。

「キャッシュフロー」「売却益」「日頃の貯金」これが3つの歯車がうまく回っていければ、資金をつくることができます。

というのも買い進めていくには、複数の銀行とのお付き合いをしていく必要があります。そのときに必要なのは金融資産。自己資金はあればあるほど有利に働きます。

簡単にいえば、銀行は1億円持っている人に1億円貸すのです。つまり、たっぷりと自己資金があれば、借りられる金額も多くなり、融資条件も良くなります。

次の事例では、スムーズに買い進めることができた投資家と、思うように買い進むことのできなかった投資家のケースをご紹介しましょう。

【事例13】2年間で順調に3棟購入！

Mさん（仮名）
居住地／神奈川
年齢／43歳
年収／1100万円
職種／商社

融資額／8700万円／1億2500万円／1億4800万円、融資条件／30年1・1%／25年2%／20年1・3%、自己資金／0／0／1000万円
取得物件／新築木造／RC築22年／RC築27年
家賃年収／726万円／1140万円／1500万円
CF／216・3万円／231・7万円／300・3万円

Mさんが1棟目を購入したのは、2年前。不動産投資の勉強をはじめたばかりの初心者ということで面談に見えた方です。

これまでコツコツ貯蓄をしており4000万円の自己資金をお持ちでした。

最初に購入したのは千葉にある8700万円の木造の新築です。

地銀よりかなり有利な融資条件で自己資金少なめで借入をしています。諸費用は自己資金より捻出しました。

2棟目は半年後に1億2500万円の築22年RCマンションを購入。場所は神奈川です。こちらもまた、別の地銀で自己資金少なめで借入をして購入できました。

3棟目はさらに半年後、大阪にある1億4800万円、築27年のRCマンションです。ここではじめて1000万円の自己資金を使いました。

家賃年収約3500万円で、キャッシュフローは約750万円あります。1年半で使ったお金は3棟目の自己資金＋諸費用3棟分で合わせて2000万円。

4000万円のうち半分しか使っていないので、まだ潤沢に自己資金が残っています。

有利な融資条件を勝ち取れたのは、属性が良かったことにくわえて、自己資金をしっかり用意していたこと。地銀によって評価方法が違う点を把握して、ちゃんとそれぞれ評価出る物件を選んで行ったところにあります。

そのおかげで最大限の良い金利条件をひくことができました。

Mさんと対象的なのはWさんです。年収は1000万円あり、自己資金3000万円と属性もよくきちんと準備されていた方でした。

［事例14］考えなしの購入で、買い進めない・・・

Wさん（仮名）
居住地／千葉
年　齢／38歳
年　収／1000万円
職　種／薬剤師

融資額／8980万円／3500万円、融資条件／30年1・975％／15年2・5％、
自己資金／1000万円／1500万円
取得物件／新築木造／中古木造築15年
家賃年収／649万円／480万円
C　F／141・7万円／180万円

Wさんは地元の千葉で購入したいという希望がありました。

そこで1棟目は千葉市内で新築アパートを購入しました。自己資金は1000万円で融資に積極的な金融機関のパッケージローンを使っています。金利条件は2％弱と悪くありません。利回りは8％です。

半年後、2棟目は利回りが高い物件が良いと、同じ千葉市内で利回り10％以上の物件を探したところ、千葉市に隣接する郊外で希望通りの物件を見つけました。千葉の郊外アパート5000万円、築20年で利回り12％です。

日本政策金融公庫から融資期間15年、金利2・5％の融資を受けて、自己資金1500万円で購入することができました。

家賃年収は1000万円に達成していて、キャシュフローも年間300万円を達成したものの、残った自己資金は500万円になっています。

また、その後、良い物件を見つけてもなかなか融資が通らないということで、相談にきた経緯があります。

ここでWさんが、買い進められなかった理由を説明しましょう。

2棟目に購入した木造アパートは築20年のため、他の金融機関ではほとんど評価はでません（木造の法定耐用年数は22年）。

くわえて自己資金をほぼ使ってしまったことから、次に買い進めていくのが難しくなりました。


このように投資自体は失敗ではありませんが、買いたいのに、次に買い進めない状況に陥ってしまう投資家は、「融資のことを考えない、とにかく利回り重視」が多い印象を受けます。

事業規模を拡大させるためには、利回りではなくてキャッシュフローを見るべきです。どの金融機関で借りるのか、また借りる順番もあります。

とはいえ、Wさんがもう買い進めないか・・・といえば、そんなことはありません。売却をして、もう一度買い進めることでリカバリーが可能です。少し、まわり道になったとしても、目指すゴールには辿りつくのです。


きちんとキャッシュフローの出る物件を購入して、しっかり埋めて満室稼働させることで家賃収入を得ることができます。

満室にするためにリフォームをすることもあるかもしれません。建物のメンテナンスも先手を打って行っておけば、その時はお金がかかりますが、それだけ売却もしやすくなります。

そうやってコツコツキャッシュフローを貯めて、それからタイミングを見て売却することで売却益を得ます。

短期譲渡か長期譲渡かを考えるよりも、高く売れる相場、融資付の状況をしっかりと判断することが大切です。

そのためには複数の金融機関情報を知らなくてはいけませんから、信頼のおける業者をパートナーに選びましょう。

不動産売買については、購入時と売却時どちらも対応できるため、日常的に物件を探しながら、定期的に売却の相談もしておくのが一番いいのかと思います。

そうやって賃貸事業の実績を積みあげながら、豊富な自己資金をつくることで、あなたは買い進められる人になるのです。

おわりに

本書を最後までお読みいただきありがとうございました。

不動産投資は、「投資」と言われていますが、実際には「事業」です。普通のサラリーマンが事業を起こすなんて、ハードルが高いように見えますが、不動産賃貸事業に関していえば、非常に成功率の高い「事業」だと思います。

しかし、それは正しいやり方を知ってこそです。

私が思うに、今は情報が溢れすぎています。インターネット、書籍、教材たくさんありすぎる中で、自分にとって正しい方法を選ぶことが困難です。


この度は、膨大な情報に溺れて迷われている方に向けて「水戸大家式不動産投資術」と銘打って、購入前から売却についてまで、一通り解説させていただきました。

最後に付け加えてさせていただきますが、不動産投資をはじめるにあたって「出口をどう考えるのか」という質問を受けることがあります。

私は完璧な出口はないと思っています。

というのも、融資を使って不動産投資を行う限り、主導権は金融機関にあります。

「物件が少なくて買いにくい」と言われる昨今ですが、見方を変えれば、使える金融機関が増えて、高属性の方はもちろん、低属性の方にもチャンスがある時期です。

第1章の目標設定「家賃年収5000万円以上」に短期間で到達したいと思えば、かなりのハードルを超えなくてはなりませんが、「まずは一棟持ちたい」という方、「何棟か増やしてキャッシュフローをもっと得たい」ということであれば、割合と簡単に達成することができます。

このように買える人が増えているからこそ、物件が値上がりしており、売りたい人にとっても大きなチャンスなのです。


しかし、金融機関が融資を出さなくなったら、状況は一変します。これまでにも何度かそういうことがありました。

また不動産の相場は株と同じで上がったり下がったりします。銀行も株式会社ですから、経営陣の意向次第でどのようにでも変化します。

自分が物件を売るタイミングに、どのような市況なのか、どのような融資姿勢なのかを完璧に見極めることは不可能です。

それが誰でも簡単にできれば、苦労はないのです。

そこで私が考える出口は、「キャッシュフローがでる物件を買う」ということです。

よく言われる「出口」は今現在の出口です。

5年後10年後20年後・・・そのときの市況や金融機関の情報は誰にもわからないですから、その時々で判断できる余力を持つこと。つまり、持ち続けていられるだけのキャッシュフローが必要なのです。

これは単純な利回り計算ではありません。

当初で解説した通り、融資から物件調査、購入してからは入居率を高めることや、いかに円滑に維持管理していくのかなども関わってきます。

私は不動産投資家にただ物件を売るのではなく、その資産形成すべてに渡ってサポートをしていきたいと考えています。

不動産業界の仕組みは複雑で、一口に不動産会社といっても、その業務は多岐にわたります。不動産投資でいえば、売買仲介会社、管理会社、賃貸仲介会社の3つは必要不可欠です。

すべてをとりまとめて、ワンストップで行える不動産会社があれば、理想的だと思います。

自分が不動産投資家だったときには、「すべてお任せにして、お金が増えていくだけだったら、どんなにいいだろう」と夢想していました。

今、私はそれを実現する気持ちでいます。

いち投資家の「水戸大家さん」から、「株式会社　水戸大家さん」の社長となった私は、次は「不動産投資をトータルでサポートする会社」を目指します。

はじめは、たった一人の会社でしたが、六本木にオフィスを構えて5年に経った今、スタッフは25人に増えました。

当社の企業理念は次の通りです。

私たちは、お客様が収益の出る物件を買うために行動する
収益が出ない物件を売ってはいけない
利益が出ない物件をお客様が買おうとしたら全力で止める
収益が出る物件を買っていただくことにより
何度も何度もお客様に物件を買っていただくことで会社は利益を上げる

私たちは、問題があったら徹底的に向き合う
問題を見て見ぬふりをしている人間は会社にはいらない
問題に真っ正面から向き合うことで人間は成長する

私たちは、収益不動産を販売するプロとして常に学び続ける
学ばない人間も成長するはずがなく、学ばない人間も当社にはいらない
常に本を読み、お客様の利益が上がるように常に考える

この理念を持って、ただ売るだけでなく、所有時から売却までワンストップで投資家にとって本当に役に立つサービスを提供していきます。

まだまだ発展途上ではありますが、精一杯努力をしていくつもりです。


そして、本書をきっかけとして、不動産投資家の皆さんの最短距離での成功を応援できればと願っています。

本書をお読みになって、不動産投資をはじめたくなった方、また現在所有する物件に悩みのある方は、ぜひ私にご相談ください。

顔を合わせ、膝を突き合わせ、ともに最良の道を考えていきましょう。

２０１６年10月

峯島忠昭

峯島忠昭の役立つ情報ツール 無料

峯島忠昭の不動産知識を完全収録！

『不動産投資大百科』

PDF
554ページ

無料

※こちらはイメージです。実際は電子ブックとなります。

以下URLより無料配布中（期間限定）　※「水戸大家 不動産投資大百科」で検索！

http://mnsm.jp/mhkf

※2017年6月末まで配布予定

まぐまぐ不動産投資系メルマガNO1　14万人の読者が熱読。

『水戸市のサラリーマン大家さん』

無料

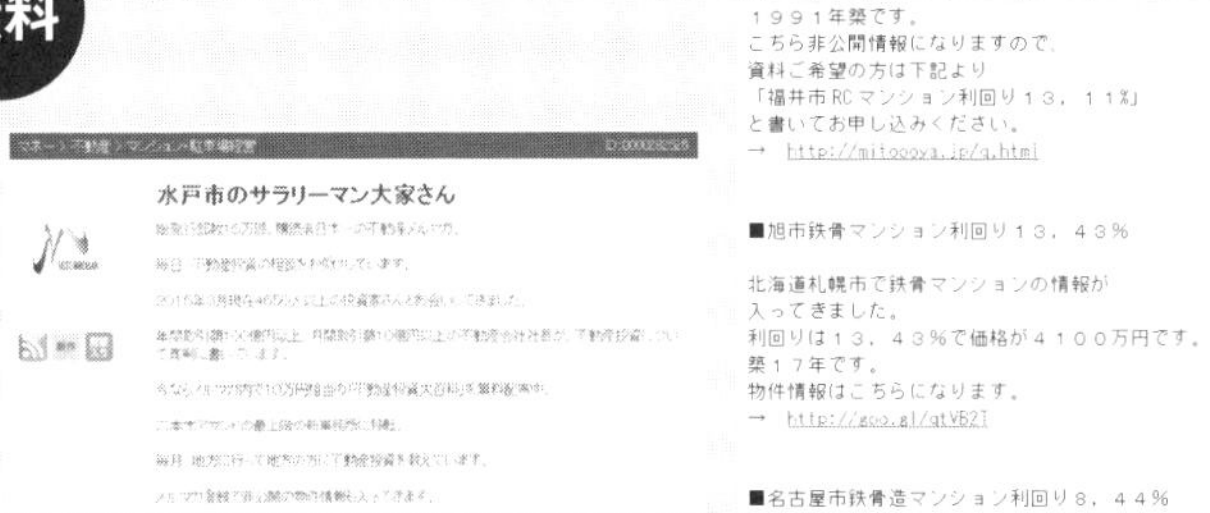

以下URLより無料配信中　※「水戸大家　メルマガ」で検索！

http://www.mag2.com/m/0000282526.html

・著者プロフィール

峯島 忠昭（みねしま ただあき）

1980年茨城県生まれ。株式会社水戸大家さん代表。株式会社MTK代表。不動産仲介業全般。宅地建物取引主任者。

サラリーマン時代の2005年より茨城県水戸市を中心に不動産投資を開始し、わずか4年で家賃年収1700万の資産を築く。その結果、28歳の若さでサラリーマンを引退しセミリタイアを果たした。

2011年の東日本大震災をきっかけに、水戸市を離れ不動産業に専念。六本木交差点に本社をかまえ、年商13億円、25人の社員を抱える実力派経営者となる。相談者への融資サポート額は累計800億円以上、不動産取扱額は累計290億円以上。

現在は、TV番組、ビジネス雑誌インタビュー、無料メルマガ『水戸市のサラリーマン大家さん』（14万部※本書出版時）など多くのメディアで日々良質な不動産情報を提供している。さらにほぼ毎週日本全国を訪問し、サラリーマンや不動産投資家への無料アドバイス（述べ人数8000人※本書出版時）をおこなっている。

著書に『サラリーマン大家さん"1棟目"の教科書』『（新版）30歳までに給料以外で月収100万を稼ぎ出す方法』（共にごま書房新社）等、計6冊執筆。

●著者サイト『株式会社水戸大家さん』
http://mitoooya.com/
●著者メルマガ『水戸市のサラリーマン大家さん』（購読無料）
http://www.mag2.com/m/0000282526.html

改訂新版 "水戸大家"式
本当にお金が稼げる不動産投資術

著　者	峯島 忠昭
発行者	池田 雅行
発行所	株式会社 ごま書房新社 〒101-0031 東京都千代田区東神田1-5-5 マルキビル7F TEL 03-3865-8641（代） FAX 03-3865-8643
カバーデザイン	堀川 もと恵（@magimo創作所）
印刷・製本	精文堂印刷株式会社

ISBN978-4-341-08655-8 C0034

ごま書房新社の本

～貯金300万円、融資なし、初心者でもできる「毎月20万の副収入」づくり～

最新版 パート主婦、“戸建て大家さん”はじめました！

パート主婦大家“なっちー”こと　舛添 菜穂子　著

TV・雑誌で話題の著者！
読者から大家さんも続々誕生！

家賃月収40万円
になった
最新ノウハウ加筆！

【ど素人主婦が“戸建て5戸取得、家賃月収30万円達成のノウハウ!】
まったくの初心者だったパート主婦が、勉強から始めて不安と戦いながら不動産投資で成功していくまでの過程、そのノウハウを詳細に紹介。勉強方法、物件探し、融資の受け方、契約、セルフリフォーム、客付、管理、退去など戸建て投資に必要なノウハウは全て網羅。最新版となった本書は、出版後に家賃月収40万円になった最新ノウハウ、読者から誕生した大家さんの事例も紹介！ 著名投資家“石原博光”さん、同じく“松田淳”さんのプロのノウハウ・初心者へのアドバイスもインタビュー掲載。

本体1480円＋税　四六版　280頁　ISBN978-4-341-08641-1　C0034